Ecumenismo

Pablo Blanco Sarto

EUNSA

EDICIONES UNIVERSIDAD DE NAVARRA, S.A.
PAMPLONA

© 2025. Pablo Blanco Sarto
Ediciones Universidad de Navarra, S.A. (EUNSA)
Campus Universitario · Universidad de Navarra · 31009 Pamplona · España
+34 948 25 68 50 · www.eunsa.es · eunsa@eunsa.es

ISBN 978-84-313-4089-6
DL NA 2379-2025

Printed in Spain – Impreso en España **por Podiprint**

Cupón para la Biblioteca Virtual

Accede a la versión eBook de este título por solo **1,99 €**. Con la compra de este libro puedes utilizar el siguiente cupón para la lectura en *streaming** desde la Biblioteca Virtual. **Sigue estas instrucciones** para visualizar tu libro:

1. Dirígete a la web de la Biblioteca Virtual **https://ebooks.eunsa.es/library**.

2. En la web ve a **Iniciar sesión** e introduce tu email y contraseña. Si no estás registrado, deberás completar el proceso en **Registrarse**.

3. Tras registrarte, accede a la página del libro o lee el QR de esta página. Bajo el precio podrás **insertar el código oculto en el siguiente cupón** para activar la promoción.

Despegue para visualizar

Acceso directo al eBook

Canjéalo en ebooks.eunsa.es

*Con acceso a internet desde cualquier navegador.

Colección: Apuntes

Índice

Presentación

Que todos sean uno... para que el mundo crea (Jn 17,21)

"Cristo llama a todos sus discípulos a la unidad", recordaba Juan Pablo II al comienzo de *Ut unum sint* (=UUS), la primera encíclica enteramente dedicada al ecumenismo. Esta búsqueda de la *unidad visible* entre todos los cristianos en la única Iglesia de Cristo supone una tarea eclesial que no se puede evitar. Intentando sacudir las conciencias dormidas de tantos cristianos, el entonces sucesor de Pedro insistía: "¿cómo podrían negarse a hacer todo lo posible, con la ayuda de Dios, para derrumbar los muros de la división y de la desconfianza, para superar los obstáculos y prejuicios que impiden el anuncio del evangelio de la salvación mediante la cruz de Jesús, único Redentor del hombre, de cada persona?" (UUS 2). El escándalo de la división entre los cristianos es contrario a la división de Cristo.

"Ecumenismo" procede de la palabra griega *oikos* (casa) y expresa la voluntad de volver a la casa de Cristo, que es su Iglesia. En esa casa hay muchas moradas, unas más céntricas que otras, donde caben todos los cristianos en el cuerpo de Cristo. La teología ecuménica no supone otra cosa que una reflexión sobre la unidad de la Iglesia, tras las fracturas que a lo largo de los siglos se han producido en el cristianismo. Fomentar la unidad constituye, pues, un reto inaplazable, que afecta a todos los cristianos y debe afrontarse desde distintas perspectivas. El ecumenismo puede –y debe– llevarse a cabo como un compromiso espiritual, mediante la oración y la conversión del corazón, además de buscar los comunes valores evangélicos, que han de traducirse en relaciones eclesiales entre todas y cada una de las confesiones cristianas.

> Podemos decir que la palabra *oikoumene*, del griego clásico, pertenece a una familia de vocablos referidos a la casa, la habitación, la permanencia (*oikos:* casa; *oikeiotês:* relación de parentesco; *oikoumene:* tierra habitada y civilizada, universo).

En la literatura griega profana, la *oikoumene* designaba el mundo habitado por la civilización helena, fuera de la cual se hallaba el espacio de los bárbaros. Con la *pax romana*, la *oikoumene* pasó a designar el área geográfico-cultural bajo el dominio del imperio.

También otras *dimensiones* son importantes, como la purificación de la memoria, afrontar juntos el secularismo, defender la "casa común" de la creación, la vida humana o la familia. Sin embargo, en estas páginas nos centraremos en el ecumenismo entendido como realidad que ha de estudiarse teológicamente. El diálogo ecuménico ha de tener manos, cabeza y corazón: hemos de trabajar juntos, estudiar juntos, rezar juntos. Aunque se trate de una dimensión de toda la teología –la ecuménica–, al igual que la pastoral o la espiritual, nada impide convertir en objeto específico de estudio, como ocurre con esas otras disciplinas. La teología ecuménica es toda la teología en diálogo con las demás confesiones cristianas.

Tras los acercamientos a cristianos de otras confesiones por parte de los papas durante el siglo XIX, el movimiento ecuménico surgido sobre todo entre protestantes dio sus frutos, y el Vaticano II lo calificó como "acción del Espíritu Santo". Juan XXIII quiso un concilio para promover la reforma y la unidad de la Iglesia, mientras Pablo VI continuó en esta dirección y el decreto de ecumenismo estableció los "principios católicos" (es decir, la unidad entre ecumenismo y eclesiología). Así, el decreto sobre ecumenismo *Unitatis redintegratio* se encuentra unido a la constitución dogmática *Lumen gentium* sobre la Iglesia y la declaración *Orientalium Ecclesiarum* sobre las iglesias católicas orientales, todos ellos documentos del Vaticano II.

A su vez, el decreto sobre ecumenismo del Vaticano II propone la *búsqueda de la comunión* en la colaboración y cooperación social, en el diálogo teológico y en la oración y la conversión, verdaderos motores del diálogo ecuménico. Son pues estas las tres dimensiones en las que ha de desarrollarse todo ecumenismo: manos, cabeza y corazón.

Así, en tiempos recientes, Juan Pablo II ratificó estos principios en su encíclica ecuménica *Ut unum sint* (1995) y mostró la cercanía de Roma con las iglesias orientales, no solo católicas sino también ortodoxas. La *Declaración conjunta sobre la doctrina de la justificación* (1999) supuso un hito y un punto de partida para el diálogo teológico tanto con luteranos y metodistas en un primer momento, así como también después con anglicanos y reformados. Benedicto XVI promovió el diálogo teológico con ortodoxos en el *Documento de Ravena* (2007), que estudió el modo de ejercer el primado tal como fue vivido en el primer milenio de la cristiandad, cuando todos los cristianos estaban todavía unidos.

Con la llegada del *nuevo milenio* y la difusión de la globalización, el mapa ecuménico fue cambiando de modo continuo. El protagonismo en toda la Iglesia del sur global *(Global South)* ha cambiado la geografía de la fe. Las iglesias y comunidades eclesiales experimentan continuos cambios en el número de fieles. La Iglesia ha pasado de ser predominantemente eurocéntrica a "mundocéntrica". Además, el rápido crecimiento de evangélicos y pentecostales ha movido a la Iglesia católica a entablar conversaciones también con ellos, tal como ha mostrado el papa Francisco en diversas ocasiones.

Por otra parte, el *"ecumenismo de la sangre"* –tal como lo llamó el papa Francisco– ha planteado ciertas urgencias y cuestiones distintas a las planteadas anteriormente. Siguen siendo necesarias las tres dimensiones del diálogo: el llamado ecumenismo de las manos, de la cabeza y del corazón, esto es, en cuestiones de cooperación y justicia social y ambiental, en el diálogo teológico, y en la promoción de la oración y la propia conversión. En los últimos tiempos y como preparación al quinto centenario en 2017 de la ruptura de Lutero con la Iglesia católica, se habló de la necesidad de una declaración conjunta con los protestantes en torno a los mencionados temas de la eucaristía, el ministerio y la eclesiología. Sin embargo, el camino por recorrer es todavía largo.

De momento, tenemos el modelo de una *"diversidad reconciliada"*, donde cada uno sabe dónde se encuentra respecto a los demás, a la vez que promueve el diálogo en el amor y la verdad. Los gestos y declaraciones de cercanía entre distintas confesiones cristianas se están convirtiendo en una feliz rutina. Al igual que sus predecesores, el papa Francisco demostró que el ecumenismo ha constituido una de las prioridades de su pontificado. Tras el camino recorrido juntos, con la claridad de ideas aportadas por el concilio, el ardor misionero del pontificado actual, el testimonio de los mártires de todas confesiones y –sobre todo– con la acción del Espíritu, tal vez podrían venir interesantes novedades ecuménicas en los próximos años. Nos encontramos, pues, ante un verdadero momento ecuménico de especial importancia.

A lo largo y ancho de estas páginas, veremos así en primer lugar lo referido a las iglesias orientales, tanto en lo que se refiere a la teología y la espiritualidad como un acercamiento más histórico y sociológico a las iglesias ortodoxas. Tras esto veremos lo referido a la reforma protestante. En primer lugar, con motivo de los 500 años de su inicio, realizaremos un balance provisional de lo que ha supuesto para la Iglesia. Después, iremos a los orígenes, repasando la doctrina de la justificación por la fe tras la declaración conjunta de 1999, que constituye un irrenunciable punto de partida. Supone así un buen comienzo del diálogo teológico entre católicos y protestantes, que ha seguir ahora en otros ámbitos como los sacramentos, el ministerio, la eclesiología y la interpretación de la Escritura.

Retomamos después un enfoque más histórico y sociológico, al analizar –junto con la teología– el calvinismo, el anglicanismo y la llamada "tercera reforma" protagonizada sobre todo por los movimientos evangélicos y pentecostales de gran actualidad en el momento presente. Procuramos obtener de este modo un mapa más o menos detallado del mundo protestante. En fin, repasaremos el magisterio pontificio de los últimos papas: Juan Pablo II, Benedicto XVI y el papa Francisco, para concluir con un epílogo, en el que ofrecemos las principales líneas del *Vademécum sobre ecumenismo* publicado en 2020. De esta forma, tenemos –en mi opinión– un completo panorama histórico, teológico, social y magisterial de la situación actual del ecumenismo, que espero que sea de utilidad para el lector.

A lo largo de todos estos años, el ecumenismo ha seguido progresando, a pesar de las dificultades. El 12 de febrero de 2016 se encontraron el papa Francisco y el patriarca de Moscú, dándose un abrazo milenario: el sucesor de Pedro y el patriarca de Moscú habían tardado casi mil años en encontrarse, de modo análogo a cuando Pablo VI y el patriarca Atenágoras levantaron las recíprocas excomuniones, el 8 de diciembre de 1965, al término del concilio Vaticano II. Después, la guerra en Ucrania lo complicó todo. Sin embargo, tal vez deberíamos ver estos gestos como un buen comienzo de un nuevo tercer milenio para la Iglesia. Tras un primer milenio de unidad y un segundo de división, viene ahora otro –esperemos– de comunión entre todos los cristianos.

Los últimos papas –de Pablo VI, Juan Pablo II a Benedicto XVI, Francisco y León XIV – se encontraron con frecuencia con el patriarca ecuménico de Constantinopla, el *primus inter pares* en las iglesias orientales separadas de Roma. Las visitas entre Roma y el patriarcado ecuménico por las fiestas de san Andrés y san Pedro respectivamente constituyen una costumbre anual, así como la visita de los luteranos finlandeses con motivo de la fiesta de san Enrique. El ecumenismo tiene mucho que ver con la santidad, así que ellos –los santos y las santas de Dios– pueden guiarnos en este camino hacia la unidad visible.

El 10 de noviembre de 2016, el papa Francisco recordó que "la unidad no es uniformidad". Las diferentes tradiciones teológicas, litúrgicas, espirituales y canónicas crecidas en el mundo cristiano, si permanecen enraizadas de forma auténtica en la tradición apostólica, son una riqueza y no una amenaza para la unidad de la Iglesia. Por tanto, "la unidad, como todo camino, requiere *paciencia*, tenacidad, esfuerzo y compromiso. No elimina los conflictos ni los contrastes, de hecho, muchas veces puede dar lugar a nuevos malentendidos".

El obispo de Roma recordó que *la cooperación, el diálogo y la oración conjunta*, ya existentes, son signos reales de que el ecumenismo es posible y de que, en muchos aspectos, los cristianos ya estamos unidos, aunque haya que ahondar en esa unidad. Ya, pero todavía no: "la unidad del amor –proseguía Francisco– ya es una realidad en el momento en que aquellos a los que Dios ha llamado a formar parte de su pueblo, anuncian juntos las maravillas que ha hecho por nosotros". La comunidad cristiana, con su pluralidad, está llamada "no a competir, sino a colaborar", concluyó. Hacemos nuestras estas palabras como síntesis de las páginas que siguen.

La Iglesia católica sigue manteniendo contacto y *diálogo oficial bilateral* con la mayoría de las confesiones cristianas, lo cual dará su fruto cuando el Espíritu lo disponga. La paciencia es "hija de la esperanza", nos recordó el papa Francisco. También pentecostés vino en un momento inesperado, tras un común acto de oración: "Todos éstos perseveraban unánimes en oración y ruego, con las mujeres, y con María la madre de Jesús, y con los hermanos" (Hch 1, 14). De momento, hemos de seguir rezando, trabajando y estudiando juntos para estar más próximos a Cristo y acercarnos a nuestros hermanos. Si cumplimos la primera condición se dará la segunda.

La Iglesia católica sigue manteniendo contacto y *diálogo oficial bilateral* con la mayoría de las confesiones cristianas, lo cual dará su fruto cuando el Espíritu lo disponga. También León XIV, al comenzar su pontificado, ha hecho alusión a la necesidad de la búsqueda de la unidad entre los cristianos. "Como obispo de Roma, considero uno de mis deberes prioritarios la búsqueda del restablecimiento de la plena y visible comunión entre todos aquellos que profesan la misma fe en Dios Padre, Hijo y Espíritu Santo", afirmó ante Bartolomé I, patriarca ecuménico de Constantinopla; Teófilo III, patriarca ortodoxo griego de Jerusalén, Mar Awa III, patriarca de la Iglesia asiria de Oriente, y otras autoridades cristianas. Además, reivindicó el legado del primer concilio ecuménico en el año 325 en Nicea, donde la común fe cristológica proporcionó la unidad.

> "Nuestra comunión se realiza, en efecto, en la medida que convergemos en el Señor Jesucristo. Cuanto más le somos fieles y obedientes, más unidos estamos entre nosotros. Por eso, como cristianos, estamos llamados a orar y trabajar juntos para alcanzar paso a paso esta meta, que es y será siempre obra del Espíritu Santo", explicó.

El ecumenismo es como una rueda con radios: al acercarnos al centro, Jesucristo, estamos más cerca también unos de los otros. Hemos de quitar en primer lugar los obstáculos que nos separan de Cristo. Por eso el mensaje de conversión y santidad sigue teniendo prioridad en el diálogo ecuménico. Los problemas y las dificultades nos han hecho más realistas, y por eso hemos comprendido mejor la necesidad de purificación, personal y colectiva, tal como pedía el Vaticano II. *Ecclesia semper purificanda*: la Iglesia ha de purificarse de modo continuo (cfr. LG 8). De hecho, el octavario para la unidad de los cristianos en el hemisferio norte termina con la fiesta de la conversión de san Pablo.

Contamos, pues, sobre todo con la oración y la petición de perdón a Dios y entre nosotros. Tras pedir las oportunas disculpas por los posibles errores de este texto, espero también que estas sencillas páginas sirvan también para "conocer y comprender" a otros cristianos, con quienes estamos llamados a formar la única Iglesia de Cristo. "Que seamos uno" (Jn 17, 21) fue la última voluntad del Señor expresada en el discurso sacerdotal de la última cena. Esperemos, así, que podamos ir removiendo todos los obstáculos –uno tras otro– para poder reunirnos algún día todos los cristianos en torno a la misma mesa de la eucaristía.

Pamplona, primavera de 2025,
1700 aniversario de la celebración
del primer concilio ecuménico de Nicea.

Primera parte
Las iglesias orientales

Los cristianos de oriente

"La luz del oriente (*orientale lumen*) ha iluminado la Iglesia universal" (n. 1), una luz que a veces occidente ha oscurecido, escribía Juan Pablo en la carta apostólica *Orientale lumen* (=OL) de 1995, con ocasión del centenario de la encíclica *Orientalium dignitas* de León XIII.

> En efecto –continuaba san Juan Pablo II–, dado que creemos que la venerable y antigua tradición de las iglesias orientales forma parte integrante del patrimonio de la Iglesia de Cristo, la primera necesidad que tienen los católicos consiste en conocerla para poderse alimentar de ella y favorecer, cada uno en la medida de sus posibilidades, el proceso de la unidad (n. 1).

El primer papa eslavo de la historia se dirigía primero a los orientales católicos, quienes tienen plena conciencia de ser –junto con los hermanos ortodoxos– los portadores vivos de esa rica tradición oriental.

1. Los orígenes

El cristianismo nació en oriente (*ex oriente, lux*) y el griego fue su primera lengua tras el arameo. Fue así una religión antes asiática que europea. La Iglesia se desarrolló desde un principio respetando la legítima diversidad. Enseguida fueron nombrados arzobispos, metropolitanos y patriarcas, y fue creada la *pentarquía* de Roma –que presidía en la caridad– con cuatro patriarcados en oriente: Jerusalén como la primera comunidad cristiana, con Santiago y Esteban; Antioquía, de gran importancia cultural, con Pedro a la cabeza; Alejandría de cultura helenística, con Marcos; y Constantinopla, con Andrés, capital del imperio de oriente.

Ya en 330 encontramos, sin embargo, una paridad muy grande entre la sede romana y el patriarcado de Constantinopla, la *"segunda Roma"*. Roma mantiene todavía el primado de jurisdicción –y no solo de honor– y el latín se enfrenta al griego.

El origen de la ortodoxia debe situarse en las escisiones de oriente. Conserva *el episcopado y la sucesión apostólica*, por lo que son verdaderas iglesias particulares, a las que sin embargo les falta la plena comunión con Roma. La primera separación tuvo lugar en el siglo V con motivo del rechazo de los concilios de Éfeso y Calcedonia, en los que se confesaba la divinidad de Jesucristo y sus dos naturalezas, humana y divina.

Así, varios pueblos se separaron de Roma y los patriarcados constituyeron iglesias nacionales de corte nestoriano y monofisita. En el siglo VII nació la hegemonía de Constantinopla y de la lengua griega, y en el IX llega en primer lugar el distanciamiento de Roma bajo Focio, por la cuestión del *Filioque* contenido en el credo latino, pues en oriente se decía que el Espíritu procedía del Padre *por* el Hijo.

En 867 Focio excomulgaba al papa. En el siglo X queda restablecida la unidad con Roma, si bien existen relaciones tensas y falta el verdadero amor. Un siglo después tenía lugar la ruptura con Miguel Cerulario, por la que los cuatro patriarcados de oriente se separaron de Roma.

Según una conocida tradición no probada, en 1054, los legados papales depositan la bula de excomunión sobre el altar de Santa Sofía, a lo que responde el patriarca con un anatema. Esto dio lugar al *cisma de oriente*. Nos acercamos ahora a los mil años de separación. En el concilio de Lyon (1274), se logró una breve unión de seis años y, de nuevo en el siglo XV, era alcanzada una nueva unión en el concilio de Florencia (1438-1439). Al caer Constantinopla (1453), disminuye la centralidad de este patriarcado. Las divisiones surgidas a partir de 1054 han herido la originaria unidad del cristianismo, dividido ahora entre un oriente ortodoxo en su mayoría y un occidente todavía del todo católico.

Con su carácter popular y colorista, místico y monástico, el *cristianismo oriental* goza de una buena y merecida fama entre sus fieles. Los retos modernos –desde el papel de los laicos hasta la doctrina social– presentan nuevos frentes que sin embargo ha de asumir. En la actualidad cuenta entre 200 y 260 millones de cristianos. El pulmón oriental –como decía san Juan Pablo II– resulta necesario para la Iglesia: no contar con él causa insuficiencia respiratoria en toda ella.

Entre las *iglesias orientales*, existe una minoría católica y una mayoría ortodoxa, formada a su vez tanto por los que se separaron en el siglo V –las antiguas iglesias ortodoxas orientales– como el XI: las llamadas simplemente iglesias ortodoxas. La división entre las distintas iglesias ortodoxas dificulta no solo su recuento, sino también las relaciones entre ellas. Por un lado, tienen el episcopado y todos los sacramentos. Pero, por otra parte, la excesiva vinculación con el poder político las convierte en ocasiones en iglesias nacionales. El cesaropapismo ha estado también presente a lo largo de su historia.

> En 2016 tuvo lugar el primer *sínodo panortodoxo* de la historia, si bien sin la asistencia del patriarcado de Moscú, de Bulgaria y de Georgia. La multiplicidad de circunscripciones (patriarcados, iglesias autocéfalas y metropolitanas, archidiócesis) no constituye un elemento de unidad en todo momento, y se olvida una referencia común.

> Así, la *división* no solo se da con Roma, sino también entre las distintas iglesias ortodoxas. Las polémicas abundan hasta llegar a la excomunión mutua entre Moscú y Constantinopla en 2017, con motivo del paso de Ucrania al patriarcado ecuménico y la creación de una nueva iglesia autocéfala. Sin embargo, las iglesias ortodoxas claman por la *sobornost,* por la sinfonía entre todas ellas.

2. Una espiritualidad distinta

Como con aquel hombre de la parábola vendió todo lo que tenía al encontrar esas joyas (cfr. Mt 13, 44ss.) –afirmaba Juan Pablo II–, surge aquí la necesidad de "conocer con plenitud ese tesoro" y sentir así el deseo de que el Espíritu restituya a la Iglesia y al mundo "la plena manifestación de la catolicidad de la Iglesia", superando así una contraposición entre una y otras tradiciones o espiritualidades. "Mi mirada se dirige al *Orientale lumen* que brilla desde Jerusalén (cfr. Is 60, 1; Ap 21, 10)" (n. 2), seguía diciendo el papa polaco. En esa ciudad santa, al llegar el día de pentecostés y "estando todos reunidos en un mismo lugar" (Hch 2, 1), el Espíritu fue enviado a María y a los apóstoles. Oriente necesita, por tanto, también un nuevo acontecimiento del Espíritu.

> Desde allí la *buena nueva* se difundió por el mundo porque, llenos del Espíritu santo, "predicaban la palabra de Dios con valentía" (Hch 4, 31); "desde la madre de todas las iglesias", fue predicado el evangelio a todas las naciones, muchas de las cuales se glorían de haber tenido a uno de los apóstoles como primer testigo del Señor. En esa ciudad las culturas

y las tradiciones más diversas convivieron en el nombre del único Dios (cfr. Hch 2, 9-11).

De allí tiene que nacer también este nuevo deseo de unidad que surgió en Jerusalén y que pasa igualmente por Roma. "Las mujeres y los hombres de hoy –continuaba en el n. 4– nos piden que les mostremos a Cristo, que conoce al Padre y nos lo ha revelado (cfr. Jn 8, 55; 14, 8-11)". Dirige la mirada de todos –desde oriente y occidente– hacia el centro, hacia *Cristo*. Juan Pablo II ponía allí el ejemplo del mismo Señor quien, a lo largo del camino, se detenía con la gente, la escuchaba, se conmovía cuando los veía "como ovejas sin pastor" (Mt 9, 36; cfr. Mc 6, 34).

> Estos mismos sentimientos deben embargar ahora a todos los cristianos: "Frente a esta llamada, las iglesias de oriente y de occidente están invitadas a concentrarse en *lo esencial*", dejando de lado polémicas y controversias sobre cuestiones secundarias. La doctrina de la "jerarquía de verdades" promovida por el Vaticano II resultará de gran utilidad para el discernimiento (cfr. n. 2).

Así, en primer lugar, debemos conocer el oriente cristiano como una experiencia de fe. Tras citar el decreto de ecumenismo del concilio (n. 17), el santo papa eslavo invitaba a conocer el patrimonio cristiano oriental: "me pongo a la escucha de las iglesias de oriente que sé que son intérpretes vivas del tesoro tradicional conservado por ellas" (n. 5). Como dijo antes el mismo Juan Pablo II, la Iglesia debe respirar con *"los dos pulmones"*, de oriente y occidente.

> La *tradición oriental cristiana* implica un modo de acoger, comprender y vivir la fe en el Señor Jesús. En este sentido, está muy cerca de la tradición cristiana de occidente que nace y se alimenta de la misma fe. Con todo, se diferencia también de ella, "legítima y admirablemente", puesto que el cristiano oriental tiene un modo propio de sentir y de comprender, y "de vivir su relación con el Salvador", proponiendo como ejemplo el modo en que viven la liturgia y las celebraciones sacramentales en clave trinitaria (cfr. n. 6).

3. *La doctrina oriental*

En primer lugar, Juan Pablo II proponía 1) una *doctrina trinitaria* igualmente eclesial que enriquece la tradición latina, de procedencia sobre todo agustiniana.

> En este sentido, recordaba también el sucesor de Pedro, el modo de entender la *"monarquía" del Padre –fons et origo totius Trinitatis*, a decir

de Tomás de Aquino– y la participación en la vida trinitaria se realiza sobre todo a través de la liturgia y, de un modo especial, en la celebración eucarística.

La Trinidad santísima se nos presenta entonces como una *comunidad de amor*: conocer a ese Dios significa sentir la urgencia de que hable al mundo, de que se comunique; y la historia de la salvación no es más que la historia del amor de Dios a la criatura que ha amado y elegido, queriéndola "según el icono del Icono", como se expresa la intuición de los Padres orientales (n. 15).

2) *Jesucristo* sería el Icono perfecto del Padre ("Dios de Dios, Luz de Luz, de la misma naturaleza del Padre", reza el credo de Nicea), y nosotros iconos de ese único Icono.

Aquí aparece la formulación del *admirabile commercium* referida a la encarnación y propuesta tanto por Atanasio como por Ireneo de Lyon, ambos de origen oriental: el Hijo de Dios se hace hombre, para que el hijo del hombre sea constituido en hijo de Dios.

En esta *theoisis* o divinización, 2) la teología oriental atribuye un papel muy particular al Espíritu santo, y por eso la *pneumatología* constituye un interesante punto de atención para la teología occidental contemporánea. "Esta teología de la divinización sigue siendo uno de los logros más apreciados por el pensamiento cristiano oriental" (n. 6).

De igual manera, cobran aquí un gran protagonismo 3) los mártires y los santos –los primeros deificados y santificados– y, de un modo muy particular, la *Theotokos*, la Madre de Dios, la más santa, la mayor santificada, la "llena de gracia" (Lc 1, 26):

"Su figura no es solo la Madre que nos espera sino también la Purísima que –como realización de tantas prefiguraciones veterotestamentarias– es icono de la Iglesia", con lo que uniría *la mariología con la eclesiología*, además de recordar la común fe respecto a la inmaculada concepción de María. La Iglesia es persona, es mujer, es la Esposa.

De la Trinidad pasa así la encíclica ecuménica a 5) *la soteriología y la antropología teológica*: incluso cuando el hombre peca, Dios lo busca y lo ama, para que la relación no se rompa y el amor siga existiendo. "Y lo ama en el misterio del Hijo, que se deja matar en la cruz por un mundo que no lo reconoció, pero es resucitado por el Padre" (ibid.).

Pero antes el Padre envía al Hijo y al Espíritu para realizar la salvación, con sus respectivas misiones. Así, recordaba también el texto ecuménico la necesidad de encarnar e *inculturar* el mensaje evangélico, tal como supieron hacer en su momento Cirilo y Metodio: "El respeto y el aprecio a las culturas particulares se unen en ellos al amor por la universalidad de la Iglesia, que incansablemente se esfuerzan por realizar" (n. 7).

En efecto, 6) en un tiempo en que se admite cada vez más que es fundamental el derecho de todo pueblo a expresarse de acuerdo con su patrimonio de *cultura* y de pensamiento, la experiencia de las diversas iglesias de oriente se nos presenta como un ejemplo autorizado de inculturación bien realizada.

Lógicamente esto no supone una bendición o autorización de los nacionalismos o particularismos exacerbados. Y realiza una afirmación especialmente querida para los cristianos orientales:

La *tradición* es patrimonio de la Iglesia de Cristo, memoria viva del Resucitado que los apóstoles [...] han transmitido como recuerdo viviente a sus sucesores, en una línea ininterrumpida que es garantizada por la sucesión apostólica, mediante la imposición de las manos, hasta los obispos de hoy (n. 8).

7) La *sucesión apostólica* presenta así pues esa dimensión ontológica-sacramental.

Nada tiene que ver con la despectivamente llamada *pipeline theory*: la sucesión apostólica no será sin más una sucesión en la fe, sino también la línea sacramental de continuidad de la imposición de manos, invocando la *exousía* del Espíritu.

Traditio en la fe, *succesio* apostólica y *communio* eclesial deben presentarse siempre íntimamente unidas: la sucesión en la fe va unida a la cadena de imposición de manos en la ordenación y con la comunión entre todas las iglesias. Ninguna de ellas se muestra aislada.

A su vez, por otra parte, 8) esta *tradición* –matiza más adelante– no es mera conservación de tipo tradicionalista, y por eso ha de ser *viva y siempre subordinada a la Escritura*, entendida esta como *norma normans,* como criterio y referencia principal para abordar las cuestiones de fe.

Existe un permanente diálogo entre *Escritura y tradición,* pues ambas proceden de la misma Revelación. Ha de mostrarse además abierta al futuro:

Y si la tradición enseña a las iglesias la fidelidad a lo que las ha engendrado, la espera *escatológica* las impulsa a ser lo que aún no son en plenitud y que el Señor quiere que lleguen a ser (n. 8).

Esta llamada a la esperanza, nos invita a mirar más allá para seguir dando pasos hacia la plena unidad. Junto a la mencionada dimensión escatológica, 9) el papa eslavo volvía a recordar la importancia de la *dimensión pneumatológica*:

"No anula así la necesaria tensión escatológica propia del mensaje cristiano. Debemos mostrar a los hombres la belleza de la memoria, la fuerza que nos viene del *Espíritu* y que nos convierte en testigos, porque somos hijos de testigos", puesto que el Vivificador es el garante de ambas: de la tradición y de toda verdadera interpretación de la Escritura (cfr. ibid.).

4. El monacato oriental

Por otra parte, la espiritualidad oriental presenta un sentido del 1) *"monaquismo como ejemplo de vida bautismal"* en un sentido tal vez algo más agudo que en nuestra sensibilidad occidental. El testimonio escatológico de la vida monástica nos hace reflexionar sobre nuestra condición de cristianos.

En primer lugar, el *monaquismo* ha sido, desde siempre, el alma misma de las iglesias orientales: los primeros monjes –tanto eremitas como cenobitas– surgieron en oriente y la vida monástica fue parte integrante del *lumen* oriental transmitida a occidente por los grandes padres de la Iglesia. Además, Juan Pablo II recordaba que en oriente el monaquismo ha conservado una gran unidad, y no ha conocido la formación de los distintos tipos de vida apostólica, como ha ocurrido en occidente.

Los santos Pacomio, Basilio, Antonio o Macario suponen etapas diversas del camino espiritual dentro del monacato, pero siempre subsiste una gran unidad en la vida monástica. "Además, en oriente el monaquismo no se ha contemplado solo como una situación aparte, propia de una clase de cristianos, sino sobre todo como *punto de referencia* para todos los bautizados" (n. 9).

Todos debemos tener nuestros momentos de desierto y *silencio*. Cuando Dios llama de modo total, como en la vida monástica, el cristiano puede alcanzar el punto más alto de cuanto la sensibilidad, la cultura y la espiritualidad son capaces de expresar.

2) La *mujer* ocupa igualmente un lugar central en este paradigmático estilo de vida cristiana: "Quisiera recordar también el magnífico testimonio de las monjas en el oriente cristiano", afirmaba, pues este ha constituido un modelo al valorar lo específico femenino en la Iglesia, incluso en contra de la mentalidad del tiempo.

> Durante las *persecuciones* recientes, sobre todo en los países del Este de Europa, cuando muchos monasterios masculinos fueron cerrados con violencia, el monaquismo femenino conservó encendida la luz de la vida monástica.
>
> El *carisma* de la monja, con sus características específicas, es un signo visible de la dimensión materna del amor de Dios a la que, con frecuencia, se refiere la Escritura.
>
> Así pues –concluye–, miraré al *monaquismo*, para descubrir aquellos valores que considero hoy muy importantes para expresar la aportación del oriente cristiano al camino de la Iglesia de Cristo hacia el Reino (n. 9).

Y recorre así 3) la *espiritualidad monástica* como modelo y ejemplo para todo cristiano. La Escritura ocupa así un lugar central en la vida monacal: "La palabra de Dios es el punto de partida del monje [...]. Cada día el monje se alimenta del pan de la Palabra" (n. 10).

> Incluso cuando canta con sus hermanos la oración que santifica el tiempo, continúa su asimilación de la *Palabra*. La iconografía litúrgica no es más que la continuación de la Palabra. "Frente al abismo de la misericordia divina –continuaba–, al monje no le queda más que proclamar la conciencia de su pobreza radical".
>
> Precisamente por eso, la invocación de perdón y la glorificación de Dios constituyen gran parte de la *oración litúrgica*. "En la cumbre de esta experiencia orante está la eucaristía –concluía–, la otra cumbre indisolublemente vinculada a la Palabra, en cuanto lugar en el que la Palabra se hace Carne y Sangre, experiencia celestial donde se hace nuevamente evento".

4) En la *eucaristía*, en fin, se revela la naturaleza profunda de la Iglesia, comunidad de los convocados a participar en los sagrados misterios, para convertirnos en "consanguíneos" con Cristo, en expresión de Cabasilas.

5. *Espiritualidad monástica*

Junto a la meditación y la contemplación de la Escritura, la liturgia se encuentra en el centro de la espiritualidad monástica. La experiencia litúrgica presenta así también las dimensiones antropológica y a) *cósmica*: "Cristo Señor es la luz que ilumina el camino y revela la transparencia del cosmos, precisamente como en la Escritura" (n. 11). En la celebración litúrgica, la creación queda renovada, tal como evocan los monasterios situados en idílicos parajes naturales. La "eucaristía" de la naturaleza supone también un modo de presencia de Dios entre nosotros.

> "La creación se revela como lo que es: un conjunto de rasgos que únicamente en la liturgia encuentran su plenitud, su destino completo. Por eso, la liturgia es *el cielo en la tierra*" (ibid.), recuerda con una conocida expresión.

Y junto a la dimensión cósmica, b) la *antropológica*. En este marco la oración litúrgica en oriente muestra gran capacidad para implicar a la persona humana en su totalidad: "El misterio es cantado en la sublimidad de su contenido, pero también en el calor de los sentimientos que suscita en el corazón de la humanidad salvada" (ibid.).

Recuerda igualmente esta Carta apostólica la evidente c) *dimensión cristológica*. Así, la experiencia litúrgica nos proporciona una mirada limpia para descubrirnos a nosotros mismos:

> A Cristo, el *Hombre-Dios*, se dirige la mirada del monje: en su rostro desfigurado, varón de dolores, descubre ya el anuncio profético del rostro transfigurado del Resucitado (n. 12).

La mirada progresivamente cristificada aprende a alejarse de lo exterior, del torbellino de los sentidos, el cual impide dejarse conquistar por el Espíritu. Al recorrer ese camino, se deja *reconciliar con Cristo* en un incesante proceso de conversión: "Señor Jesús, ten piedad de mí", repite la famosa oración dirigida a nuestro Salvador. Al hombre que busca el significado de la vida, el oriente le ofrece esta escuela para conocerse y ser libre, amado por aquel Jesús que dijo: "Venid a mí todos los que estáis fatigados y sobrecargados, y yo os daré descanso" (Mt 11, 28).

> A quien busca la curación interior, le dice que siga buscando: si la intención es recta y el camino honrado, al final *el rostro del Padre* se dará a conocer, impreso como está en las profundidades del corazón humano (ibid.).

En cuanto a d) *la comunión y el servicio*, Juan Pablo II afirma que "el monje es siempre esencialmente el hombre de la comunión" (n. 14), que busca siempre la unidad, un "artesano de la unidad", podríamos decir. El monaquismo nos muestra así que no existe una auténtica vocación que no nazca de la Iglesia y para la Iglesia, de lo cual da testimonio la experiencia de tantos monjes: "Este camino de liberación interior en la apertura al Otro convierte al monje en el hombre de la caridad" (ibid.), y así el servicio engendra comunión.

Esa *caridad* se manifiesta, ante todo, en el servicio a los hermanos en la vida monástica, pero también a toda la comunidad eclesial. Las iglesias de oriente han vivido con gran generosidad este compromiso, comenzando por la evangelización, que es el servicio más alto que el cristiano puede prestar a su hermano.

Pero también, en fin, "la vida del monje da razón de la unidad que existe en oriente entre espiritualidad y teología" (n. 15). En la cultura monástica, arte, música, liturgia, e) *teología y espiritualidad* se presentan y mantienen estrechamente unidas. El oriente nos ayuda a delinear con gran riqueza de elementos el significado cristiano de la persona humana.

Esta doctrina se centra en la *encarnación,* que ilumina a su vez la verdad sobre la creación. En Cristo, verdadero Dios y verdadero hombre, se revela la plenitud de la vocación humana. "La humanidad fue asumida por Cristo sin separación de la naturaleza divina y sin confusión", dice recordando la fe de Calcedonia.

El hombre no se queda solo: "existe un tabernáculo de gloria, que es la persona santísima de Jesús el Señor, donde *lo humano y lo divino* se encuentran en un abrazo que nunca podrá deshacerse" (ibid.).

En oriente encontramos así una poderosa f) *mística del silencio.* "Nace así –evocaba san Juan Pablo II– lo que se suele llamar el apofatismo del oriente cristiano: cuanto más crece el hombre en el conocimiento de Dios, tanto más lo percibe como misterio inaccesible, inaferrable en su esencia" (n. 16). Eso no se ha de confundir con un misticismo oscuro de lo incognoscible –matiza más adelante-, donde el hombre se pierde en enigmáticas realidades impersonales.

Sin embargo, perciben que a esta presencia nos acercamos sobre todo dejándonos educar en un *silencio adorador,* porque en el culmen del conocimiento y de la experiencia de Dios está su absoluta trascendencia. A ello se llega, más que a través de una meditación sistemática, mediante la asimilación orante de la Escritura y de la liturgia.

Tenemos pues necesidad de este silencio penetrado de presencia adorada: la *teología sapiencial y espiritual* (arrodillada); la oración donde contemplamos un rostro tan radiante que obligue a cubrirlo con un velo (cfr. Ex 34, 33); la predicación, "para atraer hacia la experiencia de Dios"; el compromiso, "para renunciar a encerrarse en una lucha sin amor y perdón" (ibid.).

6. Síntesis

En líneas generales, como *elementos característicos* de la ortodoxia cabe establecer los siguientes:

a) La aceptación exclusiva de los *siete primeros concilios ecuménicos*.

b) La inclinación hacia la *teología apofática* o negativa (podemos decir lo que Dios no es, pero no lo que realmente es), opuesta a la catafática o positiva, más propia del ámbito occidental.

c) El gran desarrollo de la *pneumatología* o doctrina sobre el Espíritu. Como consecuencia, la doctrina de la *theiosis* o divinización del cristiano en gracia ocupa un lugar destacado en su espiritualidad y reflexión teológicas, que se presentan a su vez íntimamente unidas.

d) De modo parecido, la *teología del icono* –de la persona humana como icono de la divinidad– ocupa un lugar importante en su concepción antropológica: somos icono del Icono del Padre, que es Cristo.

> Las pinturas de *iconos* son para ellos casi sacramentos que transparentan la presencia divina y la luz del Tabor. Las querellas y luchas iconoclastas de los siglos VIII y IX en Constantinopla nos recuerdan la importancia de las representaciones de la divinidad como continuación de la doctrina de la encarnación.

e) La doctrina sobre el *purgatorio* se diferencia bastante de la católica, pues lo consideran sobre todo en sentido localista: sería sobre todo un lugar y por eso tienen dificultad para aceptarla. Sí que celebran las exequias y la oración por los difuntos.

f) En el *ámbito sacramental* hay rasgos distintivos, como la práctica del bautismo por inmersión, la administración simultánea al neonato –habitualmente por el presbítero– de los tres sacramentos de iniciación cristiana, el uso de pan fermentado en la eucaristía, la concreción del momento de la transustanciación principalmente en la *epíklesis*, o la práctica del culto eucarístico (adoración, etc.) solo durante el tiempo de Cuaresma, con el rito de los presantificados.

g) A diferencia de los orientales católicos, para los ortodoxos el *vínculo matrimonial* es disoluble en ciertos casos, por lo que admiten el divorcio incluso hasta las terceras nupcias, si bien solo la primera unión es sacramental.

h) Los ortodoxos *conservan la sucesión apostólica*, esto es, el episcopado, y la Iglesia católica considera válida la ordenación sacramental de sus ministros (obispos, presbíteros y diáconos). Como consecuencia, resultan igualmente válidos todos sus sacramentos, pese a tener una consideración numérica distinta.

> Aceptan la *ordenación de personas casadas*, pero no para desempeñar la función episcopal; por este motivo, gran parte de los obispos procede del monaquismo.

i) Las fechas de las principales *fiestas* cristianas no coinciden con las de la Iglesia católica, dada la diferencia entre su calendario juliano (que se remonta a Julio César) y el gregoriano, en vigor en occidente desde el siglo XVI.

j) La *espiritualidad ortodoxa* está profundamente marcada por el monaquismo y la tradición litúrgica, patrística e icónica.

> Junto con los iconos y su amor al canto y la liturgia, su característica más importante es la llamada *oración de Jesús*, también llamada oración del corazón u oración continua, nacida en ámbito monástico.

k) El *monaquismo* goza de gran prestigio y tiene como centro vital el monte Athos (Grecia), en posesión exclusiva de los monjes desde el siglo IX.

> En *oriente* (Egipto), desde el siglo IV, encontramos anacoretas o eremitas, que se reunían en torno a un padre espiritual, origen de la vida cenobítica en los monasterios, que supone un anticipo de la eternidad. Construyen también lauras o cabañas en Palestina, surgen los estilitas o anacoretas que viven en una columna, los emparedados que habitan clausas, o los ocaimetas (de *akoimétoi*, no acostarse) que alababan a Dios por la noche. San Basilio (330-379) escribe la primera regla monástica, centrada en la oración y la liturgia.
>
> En *occidente*, san Benito (480-543) propuso el *ora et labora*, mientras que en oriente transcurría un periodo de decadencia por el monofisismo y las invasiones musulmanas.
>
> Es entonces cuando el centro espiritual se desplaza a *Constantinopla* y al monte Athos, donde –según la tradición– se refugió la Virgen con san Juan.

En el siglo XIV nació el *movimiento esicasta* –que busca la paz interior– y se compuso la *Filocalia o Amor a la belleza*. Gregorio Palamas, el gran teólogo ortodoxo de ese siglo, era también monje del Athos.

l) En esta espiritualidad ortodoxa existe una profunda veneración por la Virgen *María* y, si bien no aceptan la inmaculada concepción y la asunción como dogmas, sí en gran parte sus contenidos.

En la ortodoxia, el modo de entender la esencia del pecado original, más unido a la mortalidad, influye en el misterio de la *inmaculada concepción* de María, creando algunas dificultades desde el punto de vista de la teología católica.

m) No cabe infravalorar la estrecha *relación entre Iglesia y Estado*, relación que no se reduce a motivos circunstanciales. En la ortodoxia sigue viva la antigua tradición oriental sobre la *symphonia* entre esas dos instituciones, que confería al emperador un papel eclesial, similar al del sacerdocio y el patriarcado, hasta el punto de poder convocar concilios.

Históricamente, esto trajo consigo una situación de *cesaropapismo*, hasta tal punto que todavía hoy existe un cierto sometimiento –no general– al poder civil.

Este modo de proceder surgiría de su autocomprensión como iglesias étnicas y en ese contexto se encuadraría la noción ortodoxa de *territorio canónico*, según la cual determinada demarcación pertenecería pastoralmente de modo exclusivo a esta o aquella Iglesia.

La convergencia de la centralidad de la liturgia y de la eclesialidad de la autoridad civil lleva, por otra parte, a un desinterés –no configurado como falta de caridad– respecto al papel de la Iglesia en el ámbito social, así como a un desarrollo menos atento de la teología del laicado: Son estas las *características doctrinales* de las iglesias orientales.

n) En los últimos años se han aproximado las posiciones respecto a la *cuestión trinitaria*, al menos por parte católica: existe el reconocimiento de una doctrina trinitaria ortodoxa, si bien la latina mantiene su propia formulación. La doctrina oriental de las energías divinas se considera equivalente a la occidental de las procesiones divinas.

En 1995, el Pontificio consejo para la promoción de la unidad de los cristianos (PCPUC) publicó el documento *La procesión del Espíritu santo en la tradición griega y latina*, en donde se especifica que "la Iglesia católica reconoce el valor conciliar y ecuménico, normativo e irrevocable, como expresión de la única fe común de la Iglesia y de todos los cristianos, del símbolo profesado en griego por el II concilio ecuménico de Constantinopla en 381".

Se afirma también allí que "la Iglesia católica interpreta el *Filioque* en referencia al valor conciliar y ecuménico, normativo e irrevocable de la confesión de fe sobre el origen eterno del Espíritu santo, tal como lo definió en el 381 el II concilio ecuménico de Constantinopla en su símbolo".

ñ) Más distantes son las posiciones respecto al modo de entender *la unidad de la Iglesia*. Los ortodoxos conciben a cada Iglesia local como completa en sí misma: lo que las une entre ellas solo sería el mutuo reconocimiento de hallarse en comunión. De aquí las serias dificultades para reconocer el primado de jurisdicción del obispo de Roma, más allá de un simple primado de honor, en cierto modo aceptado.

Las iglesias ortodoxas en la actualidad

El cristianismo ha sido durante siglos la religión predominante en Europa, y sigue siendo la afiliación religiosa mayoritaria en 27 de los 34 países encuestados en el informe del *Pew Forum* de 2019. Pero las divisiones históricas, también entre cristianos, subyacen en esta identidad común: solo una de las tres principales tradiciones cristianas (catolicismo, ortodoxia, anglicanismo, protestantismo) predomina en cada parte del continente, por lo que presenta un panorama confesional fragmentado.

Si bien la ortodoxia es la fe dominante en Europa del Este, los países de mayoría católica son comunes en el centro y sureste del continente, mientras el protestantismo domina las brumosas tierras del norte. Esta geografía confesional permite ver con claridad el presente de Europa, a la vez que aparecen nuevos factores en el horizonte.

1. La situación en Europa

Europa occidental tiene poblaciones crecientes de ciudadanos religiosos no afiliados, que suscribe un intenso proceso de *descristianización*. Bajo las formas de ateísmo y agnosticismo se aleja de sus propias raíces. Por eso nos podemos preguntar, ¿está dejando Europa de ser cristiana, o simplemente está cambiando el mapa religioso al desplazarse el foco del cristianismo hacia las periferias del este?

Más de 7 de cada 10 personas de Rumanía, Grecia y Serbia dijeron que ser cristianos era relevante para su *identidad nacional*, mientras que el 65 por ciento de las personas de Francia y del Reino Unido –o el 64 por ciento de los alemanes y el 59 por ciento de los españoles– afirmaba que ser cristiano no era tan importante para ellos.

Los estados bálticos de Estonia y Letonia son igualmente diferentes a los de Europa del Este, pues respectivamente el 82 y el 84 por ciento de los encuestados de esos países dijeron que la religión *no era decisiva* para su identidad nacional. Solo el este sigue confesándose y quiere seguir siendo cristiano, podría parecer.

Otro dato interesante: la mayoría de los encuestados de los países de Europa central y del Este afirmaban que no aceptarían a un *musulmán* en su familia. En efecto, solo el 7 por ciento de los armenios o el 16 de la República checa dijeron que acogerían a un musulmán en sus familias. Por el contrario, 9 de cada 10 encuestados de los Países Bajos, Dinamarca y Noruega sostuvieron que lo aceptarían, y la mayoría de todos los demás países de Europa occidental dijeron lo mismo. La cercanía puede provocar una cierta cautela o prevención. Mientras tanto, el islam sigue creciendo en Europa y el mundo.

Ante esto podríamos plantear una nueva pregunta: rechazar el *islam*, ¿es esta actitud demasiado cristiana, o demasiado poco cristiana? ¿El problema es –como dijo la luterana Angela Merkel– el demasiado islam, o el demasiado poco cristianismo en Europa...?

La encuesta refleja de esta forma una *"disminución significativa"* en la afiliación cristiana de toda Europa occidental. Hay varias razones por las que tantos bautizados como cristianos ya no se consideran tales. La principal es que "se alejaron gradualmente de la religión".

A la vez, otros señalan que no están de acuerdo con las enseñanzas de la Iglesia sobre temas morales, aunque concuerdan plenamente en lo social y ecológico. Por el contrario, en una parte de la zona donde los regímenes comunistas reprimieron las religiones, con un elevado relativismo ético, la afiliación cristiana ha mostrado un resurgimiento desde la caída de la URSS en 1991.

Los países antes poscristianos son ahora más cristianos, tras la caída del comunismo. En Ucrania, antes de la guerra había más personas que dicen que son cristianas (93 %) de lo que lo confesaban antes (81%); lo mismo ocurría en Rusia, Bielorrusia y Armenia. Los europeos centrales y orientales son más propensos que los europeos occidentales a decir que la religión es muy importante en sus vidas, a rezar a diario y a asistir a los servicios religiosos mensualmente.

Por tanto, las preguntas que quedan en el aire son las siguientes: ¿cuál será el mapa de la religión en Europa en los siguientes años?, ¿cómo será el cristianismo del futuro en nuestro viejo continente? Todo dependerá de si Europa llega hasta los Alpes, los Cárpatos o los Urales, como resulta evidente. ¿Qué extensión tiene Europa?

¿Es un concepto solo geográfico, o también cultural y religiosa? Tal vez, en las últimas décadas, el concepto de Europa se ha *ensanchado*.

2. Cuestiones pendientes

Así, en primer lugar, el número 21 de la carta apostólica de Juan Pablo II *Orientale lumen* habla de la importancia de las *iglesias orientales católicas* para la vida de toda la Iglesia, también para esta búsqueda de la unidad. "En varias ocasiones se ha reafirmado que la unión plena de las iglesias orientales católicas con la Iglesia de Roma, ya realizada, no debe implicar que ellas sufran una disminución en la conciencia de su propia autenticidad y originalidad" (OE 24).

A la vez que recuerda la plena autonomía jurisdiccional de estas circunscripciones, pues sufren en carne propia una dramática tensión al no encontrar una comunión plena con las *iglesias orientales ortodoxas*, con las que comparten el patrimonio de sus padres. "Una conversión constante y común es indispensable para que avancen de forma resuelta y ágil hacia la comprensión recíproca". Tras esa mutua conversión, viene la necesidad de encontrarse, conocerse y trabajar juntos, así como conocer "los tesoros de fe ajenos" (n. 21).

> Por otra parte –concluía en el número 23–, soy consciente de que en este momento algunas *tensiones* entre la Iglesia de Roma y algunas iglesias de oriente hacen más difícil el camino de la estima recíproca con vistas a la comunión.

Es decir, ahora el punto de mira se dirige a la *relación con Roma*: el sucesor de Pedro invita a mostrar "gestos de caridad común", una hacia la otra y juntas hacia quienes se encuentran en necesidad. La persecución de los cristianos sobre todo en Oriente medio, aunque no solo, ofrece un valiente testimonio de fe y unidad. También la defensa de la vida y de la familia tiene su importancia en este movimiento de unidad (cfr. n. 27). Igualmente, los pobres pueden ser el lugar de encuentro entre ambas iglesias –el "ecumenismo de las manos"–, a la vez que el elocuente testimonio de la sangre derramada por la fe: el "ecumenismo de la sangre".

> Después del martirio común padecido por Cristo bajo la opresión de los regímenes ateos, ha llegado el momento de *sufrir*, si fuese necesario, para no dejar de dar nunca el testimonio de la caridad entre cristianos, porque, aunque entregáramos nuestro cuerpo a las llamas, pero no tuviéramos caridad, nada nos aprovecharía (cfr. 1 Co 13, 3) (n. 23).

Esa labor de acercamiento no es solo del corazón, sino también de la cabeza: conocer la liturgia de las iglesias de oriente y las tradiciones espirituales de los padres y de los doctores del oriente cristiano, así como tomar ejemplo de ellas para la inculturación del mensaje del evangelio. Así, Juan Pablo II llega al "alma de la tarea ecuménica", al *"ecumenismo espiritual"*, también llamado "ecumenismo del corazón" (UR 8). Por eso, "además del conocimiento, considero muy importante mantener contactos recíprocos" (n. 25), tanto de oración como de estudio, es decir, el denominado "ecumenismo teológico". También las peregrinaciones en común ayudan a encontrar a Cristo como mutuo compañero, así como la colaboración entre los pastores de las diferentes iglesias:

> Invito a los jerarcas y al clero oriental católico a *colaborar* estrechamente con los ordinarios latinos en una pastoral eficaz que no sea fragmentaria, sobre todo cuando su jurisdicción se extienda sobre territorios muy vastos donde la ausencia de colaboración significa, efectivamente, el aislamiento (ibid.).

En resumen: junto a los ojos y los oídos abiertos para ver y oír a nuestros hermanos cristianos orientales, constituyen elementos indispensables para la tarea ecuménica la sangre, las manos, la cabeza y el corazón. Y la *lengua*, para hablar bien, como nos recordó continuamente el papa Francisco. Así, al concluir esta carta, Juan Pablo II dirigía su pensamiento va "a nuestros amados hermanos y hermanas de las iglesias de oriente", y afirmaba que, en el umbral del tercer milenio,

> "todos sentimos que llega a nuestras sedes el grito de los hombres, oprimidos por el peso de *amenazas graves*", quienes "sienten que un rayo de luz, si es acogido, puede aún disipar las tinieblas del horizonte de la ternura del Padre" (n. 28).

Esta luz nos abre un futuro. María, nuestra esperanza, la *Theotokos*, nos señala el *Orientale lumen* que se identifica con Nuestro Señor Jesucristo. Coincide aquí con el *mysterium lunae* del que hablaban los Padres: si Cristo es el sol, María, madre de la Iglesia, es la luna que refleja la luz del Sol. Antes Juan Pablo II había "centrado el tiro" al afirmar que debemos dirigirnos a Él, único Maestro, participando en su muerte, "a fin de purificarnos de ese celoso apego a los sentimientos y a los recuerdos [...] de los acontecimientos humanos de un pasado que pesa aún con fuerza sobre nuestros corazones" (n. 2).

> Ocurre como una vez más como con los radios de una rueda: en la medida en que los cristianos estamos más cerca del centro, que es *Cristo*,

nos encontraremos también más cerca unos de otros. Pero antes hemos de pasar por la purificación de la memoria, paso previo a todo avance hacia la unidad visible.

El acto que tuvo lugar el miércoles de ceniza del año 2000, en pleno Jubileo de la redención, en el que se pedía *perdón* por las culpas cometidas en el pasado, supuso un acto profético en este sentido. Hemos de seguir dando esos pasos y dejarnos también guiar por esa luz de oriente.

3. El diálogo ecuménico

Después Juan Pablo II aborda también el ecumenismo del *diálogo teológico*. En la segunda parte del texto titulada "Del conocimiento al encuentro", el papa eslavo abordaba las cuestiones relativas al diálogo entre la Iglesia católica y las iglesias ortodoxas, a los treinta años de concluir el concilio Vaticano II, en el que participaron también algunos ortodoxos como observadores.

Desde entonces se ha avanzado mucho en el conocimiento recíproco, continuaba. Este conocimiento ha intensificado la estima y nos ha permitido a menudo orar juntos al único Señor y también los unos por los otros, en un camino de caridad que ya es peregrinación de unidad (n. 17).

Evocando el *Tomos agapis* –el libro del amor– suscrito por san Pablo VI y el patriarca Atenágoras, recordaba los momentos conjuntos de acción y oración.

A veces, a esta sede de Roma han llegado los apremiantes llamamientos de otras iglesias, amenazadas o heridas por la violencia y el atropello. A todas ha tratado de abrirles su corazón. En favor suyo, en cuanto ha sido posible, se ha elevado la voz del obispo de Roma, para que los hombres de buena voluntad escucharan el grito de nuestros hermanos que sufrían (ibid.).

"El *pecado* de nuestra división es gravísimo –seguía Juan Pablo II con una dureza que podríamos calificar de profética–: siento la necesidad de que crezca nuestra disponibilidad común al Espíritu que nos llama a la conversión, a aceptar y reconocer al otro con respeto fraterno, a realizar nuevos gestos valientes, capaces de vencer toda tentación de repliegue. Sentimos la necesidad de ir más allá del grado de comunión que hemos logrado" (ibid.).

Aparece aquí el deseo de escribir una historia de nuestra unidad, y remontarnos al tiempo en que, inmediatamente después de la muerte y de la resurrección del Señor Jesús, cuando el evangelio se difundió en las culturas más diversas, comenzó un *intercambio fecundísimo*, que aún hoy siguen testimoniando las liturgias de las iglesias.

A pesar de que no faltaron dificultades y contrastes, las epístolas de los apóstoles (cfr. 2 Co 9, 11-14) y de los padres de la Iglesia muestran *vínculos* entre las iglesias, en una plena comunión de fe dentro del respeto de sus especificidades e identidades respectivas.

Aludía también de nuevo al "ecumenismo de los mártires" o, en palabras del papa Francisco, al *"ecumenismo de la sangre"*. "La sangre de los mártires nos llama a la comunión, a la unión de todos los cristianos". La sangre no está dividida, repite: "Han muerto por ser cristianos, independientemente de la Iglesia a la que pertenecían". Juan Pablo II seguía con las siguientes palabras:

> La común experiencia del martirio y la meditación de las actas de los mártires de cada Iglesia, la participación en la *doctrina* de tantos santos maestros de la fe, en una profunda circulación y participación, refuerzan este admirable sentimiento de unidad (n. 18).

En los *gulag* rezaron juntos católicos, ortodoxos y protestantes. La experiencia de comunión permitía a los cristianos poder sentirse como en casa en cualquier Iglesia. Los *primeros concilios* constituyen un testimonio elocuente de esta constante unidad en la diversidad, que ha sido revivido con motivo de las distintas conversaciones entre ambas confesiones cristianas.

> En los primeros contactos del diálogo ecuménico el Espíritu santo nos permitió afianzarnos en la *fe común*, continuación perfecta del *kerygma* apostólico, y de esto damos gracias a Dios con todo el corazón (n. 18).

De hecho, durante todo el primer milenio perduró la unidad entre Roma y Constantinopla, en la que ahora podemos profundizar y de la que podemos aprender. En el número 19 Juan Pablo II hacía alusión a los *cristianos perseguidos* en Europa, África y Asia, especialmente en Medio oriente. Este testimonio martirial nos debe hacer pensar cada vez que nos acercamos a la Mesa del Señor.

> ¿Cómo podremos ser plenamente *creíbles* si nos presentamos divididos ante la eucaristía, si no somos capaces de vivir la participación en el mismo Señor que debemos anunciar al mundo?

"Para que el mundo crea" (Jn 17, 21), repetía el papa Francisco. La unidad nos hace más creíbles y eficaces a la hora de anunciar el nombre de Jesús. Tras recordar las acciones pontificias a favor de las iglesias orientales, se reafirma en este camino de unidad, en "este compromiso lleva en su raíz la convicción de que Pedro (cfr. Mt 16, 17-19) desea ponerse al servicio de una Iglesia unida en la caridad" (n. 20). Esto solo puede llevarse a cabo a partir del amor de las iglesias locales que se sienten llamadas a manifestar cada vez más la única Iglesia de Cristo, nacida de un solo bautismo y de una sola eucaristía, y que son hermanas. Como recordó el mismo Juan Pablo II citando el Vaticano II,

> la Iglesia de Cristo es una sola. Si existen divisiones, se deben superar, pero la Iglesia es una sola. La Iglesia de Cristo de oriente y de occidente no puede menos de ser una; *una y unida*.

Las incorporaciones de las iglesias ortodoxas al diálogo ecuménico no fueron al principio muy entusiastas y, dado el origen más bien protestante del movimiento ecuménico, tan solo gradualmente ingresaron en el Consejo mundial de las iglesias (CMI). Con respecto a la Iglesia católica, alcanzó gran significado simbólico el levantamiento recíproco de las excomuniones (7 de diciembre de 1965), tratando así de eliminar los resentimientos surgidos tras lo acaecido en 1054, e inaugurar *el diálogo de la caridad* entre la Iglesia católica y las ortodoxas.

> En esta línea encontramos otros gestos, como el intercambio de visitas en las fiestas de san Pedro y san Pablo y de san Andrés, respectivamente. Brotaron así las condiciones para poder comenzar el *diálogo oficial*, primero a nivel local y, desde 1980, a nivel internacional, a través de la pertinente comisión mixta.

En los últimos años del siglo XX, las *relaciones* de las iglesias ortodoxas con el Consejo mundial de las iglesias se resintieron por la influencia de la orientación liberal-protestante de este organismo. A su vez, las relaciones con la Iglesia católica se enfriaron a raíz del florecimiento de las iglesias católicas de rito oriental en territorios ex-soviéticos, sobre todo en Ucrania, tras la caída de la antigua URSS.

> Las circunstancias llevaron a los ortodoxos a acusar a la Iglesia católica de *proselitismo* indebido. El conjunto de estas condiciones evidencia la importancia, hasta ahora no suficientemente apreciada, de la diferencia en el modo de entender la catolicidad de la Iglesia, concebida no como mera denominación, sino en su más genuino sentido católico.

La catolicidad no solo comporta la idea del destino universal del evangelio, sino que está íntimamente unida a la libertad religiosa: donde esta no existe, difícilmente puede haber catolicidad. La fusión entre Iglesia autocéfala y nación, fundada en la noción ortodoxa de *territorio canónico* (véase *supra*), elimina de hecho la libertad religiosa y, con ella, la catolicidad, pese a que también la confiese la ortodoxia.

El *diálogo teológico* debe continuar, pues, tanto en puntos comunes (doctrina social y medio ambiente, defensa de la vida y de la familia, raíces cristianas de la cultura) como en asuntos más controvertidos, como lo es el *primado romano*, sobre todo.

> De este modo, la *situación cismática* de las iglesias ortodoxas resulta también emblemática a la hora de afrontar el estatus de otras iglesias cismáticas que conservan la sucesión apostólica y, sin embargo, no están en plena comunión con Roma, como sería el caso –al menos hasta el momento presente– de los veterocatólicos, los lefebvrianos y tal vez otras iglesias que mantengan dicha sucesión apostólica. El conocimiento de estas situaciones puede crear caminos de unidad.

Una mirada de conjunto a los documentos permite apreciar que hasta ahora el diálogo se ha ocupado de temas más bien sectoriales, que parten de premisas irrenunciables para abordar los núcleos que separan a ambas tradiciones de modo más global. Con el documento firmado por la Comisión mixta en 2007 en Rávena, titulado *Las consecuencias eclesiológicas y canónicas de la naturaleza sacramental de la Iglesia. Comunión eclesial, conciliaridad y autoridad*, parece haber finalizado el periodo preliminar y que cabe ya afrontar el tema concreto del *primado romano* a nivel de diálogo internacional.

> Este último documento examina, en efecto, la relación entre *conciliaridad y primado* a nivel local, regional y universal, y concluye expresando la voluntad de "estudiar más a fondo la cuestión del papel del obispo de Roma en la comunión de todas las iglesias" (n. 45).

El *Documento de Ravena* sobre el modo de ejercicio del primado –que ya auspició Juan Pablo II en la encíclica *Ut unum sint*– constituye un buen inicio y auspicio. Los próximos años pueden resultar decisivos para el crecimiento de la comunión con estas "iglesias hermanas". Católicos y ortodoxos firmaron un importante acuerdo que acerca sus posturas.

Existen, sin embargo, algunos *matices*. El cardenal Kasper comentaba también el abandono de la reunión de Rávena por parte de la delegación de la Iglesia ortodoxa rusa, por "un problema inter-ortodoxo sobre el reconocimiento de la Iglesia autónoma de Estonia" y más adelante la de Ucrania. Esto confirma que existe "una diferencia entre Constantinopla y Moscú", entre las llamadas segunda y la tercera Roma.

Las relaciones entre Benedicto XVI, Francisco y Bartolomé I, patriarca de Constantinopla, fueron excelentes, sobre todo tras las recíprocas visitas a Roma y la sede de san Andrés. El principal problema que separa ambas iglesias es el modo de ejercer el *primado* de la sede petrina en Roma, que los últimos papas han *reformado* de modo evidente. Tal vez este documento sea un fruto de ese encuentro y de esas conversaciones.

Entonces se habló de una *glasnost*, de un deshielo de las relaciones de la Iglesia católica con el patriarcado de Moscú, aunque las conversaciones se encuentran todavía en un momento más distante. La Iglesia católica se ha ofrecido incluso como mediadora entre las iglesias ortodoxas.

Si quieren –concluía Kasper– podríamos facilitar una solución bien a nivel bilateral –entre Moscú y Constantinopla– o a nivel pan-ortodoxo; pero es indudable que queremos contar con la participación de la *Iglesia ortodoxa rusa*. Es una Iglesia muy importante; no queremos dialogar sin ellos y trabajaremos para lograrlo.

Las dificultades *intraortodoxas* con motivo de la autocefalia del patriarcado de Kiev, en Ucrania, y la posterior guerra nos hablan de la importancia de seguir adelante con estos continuos intentos. Hay que continuar hasta que puedan pregonarse de nuevo las jubilosas palabras del concilio de Florencia: "Regocíjense los cielos y exulte la tierra. El muro que dividía la Iglesia occidental y la oriental ha sido derribado, ha vuelto la *concordia*. Cristo, piedra angular, ha hecho que las dos sean una".

4. Iglesias y patriarcados actuales

Hemos mencionado ya cómo existen a) las *iglesias orientales católicas*, en plena comunión con Roma; b) las *antiguas iglesias ortodoxas orientales*, también llamadas "precalcedonianas", separadas de Roma en el siglo V; y c) las *iglesias ortodoxas* sin más, separadas de Roma en 1054.

Veamos, pues, brevemente ahora cuáles son las principales iglesias ortodoxas "hermanas" de las diócesis católicas. En efecto, decíamos que las iglesias ortodoxas son *verdaderas iglesias particulares*, hermanas de las nuestras. Pero resulta muy difícil, casi imposible, hablar de una Iglesia ortodoxa, empezando por las divisiones que existen entre ellos.

El Sínodo panortodoxo de 2016 –el primero en toda la historia– no pudo cumplir su sueño de reunir a todas las iglesias ortodoxas. Aquí apreciamos cómo es una de las constantes de la ortodoxia *la división y la diferencia* entre ellas.

Las polémicas y divisiones manifiestan que existe también un ecumenismo "de puertas adentro" en una misma confesión cristiana. Como vemos, la emigración y la globalización han llevado a los ortodoxos más allá de Asia menor y las tierras europeas más orientales, por lo que ofrece un abigarrado panorama, que podríamos clasificar en los *siguientes grupos*:

a) *Antiguas iglesias orientales ortodoxas* (precalcedonianas):

– *Iglesia siria o caldea*: de tradición nestoriana (431), se encuentra en la parte de Ur, de Mesopotamia, presidida por el *Catholicós* que se trasladó despúes a Bagdag y Estados Unidos. Cuenta en la actualidad con unos 340.000 fieles.

– *Iglesia jacobita o de los sirios occidentales*: de rito antioqueno, pasó del nestorianismo al monofisismo. Su sede se encuentra en Damasco y está formada por 300.000 fieles.

– *Iglesia malankar*: de rito también antioqueno y tendencia monofisita, se encuentra en la India y cuenta con 2 millones de fieles.

– *Iglesia copta*: de rito alejandrino y con sede lógicamente en Alejandría, tras las declaraciones en 1976 y 1988 se encuentra más cerca de la Iglesia católica. Son 6 millones de fieles.

– *glesia etíope*: de rito alejandrino y tradición monofisita, tiene su sede en Abdis Abeba y cuenta con 14 millones de fieles.

– *Iglesia eritrea*: de rito alejandrino, se encuentra en la actualidad unida a coptos, alejandrinos y etíopes.

– *Iglesia armenia*: tiene rito propio y se considera continuadora de los apóstoles Bartolomé y Judas Tadeo. Ya no confiesa el monofisismo y consta de 6 millones de fieles.

– En el *concilio de Florencia* (1438-1439) se consiguió una efímera unión con coptos, sirios y armenios, y hoy una parte está unida a Roma.

b) *Iglesias ortodoxas surgidas a partir del 1054*:

Autocéfalas (con plena independencia), herederas de la pentarquía:

– *Iglesia ortodoxa de Constantinopla*, dirigida por el patriarca ecuménico con un primado de honor en todas las iglesias ortodoxas, con unos 300 millones de fieles.

– *Iglesia ortodoxa de Alejandría*: extendida por Egipto y toda África, cuenta con 300.000 fieles y doce eparquías o diócesis orientales.

– *Iglesia ortodoxa de Antioquía*: situada en Damasco, tiene 17 eparquías y 750.000 fieles.

– *Iglesia ortodoxa de Jerusalén*, con 100.000 fieles, en descenso.

Otros patriarcados más modernos:

– Iglesia ortodoxa serbia (1355): 11 millones de fieles.

- Iglesia ortodoxa rusa (1589): 200-260 millones de fieles.
- Iglesia ortodoxa rumana (1926): 20 millones de fieles.
- Iglesia ortodoxa búlgara (1953): 6 millones de fieles.
- Iglesia ortodoxa y apostólica georgiana: 6 millones de fieles.

Dirigidas por un metropolita o arzobispo:
- Iglesia ortodoxa ucraniana: 28 millones de fieles.
- Iglesia ortodoxa griega: 9 millones de fieles.
- Iglesia ortodoxa de Chipre: 450.000 fieles.
- Iglesia ortodoxa polaca: 600.000 fieles.
- Iglesia ortodoxa checa y eslovaca: 55.000 fieles.
- Iglesia ortodoxa albanesa: 160.000 fieles.
- Iglesia ortodoxa americana: un millón de fieles.

Autónomas, dotadas de un menor grado de autonomía:
- Dependientes de Constantinopla: finesa y estonia.
- Dependiente de Jerusalén: Iglesia ortodoxa del Monte Sinaí.
- Dependientes de Moscú: letona, japonesa, china, ucraniana, de Besarabia y Europa occidental.
- Dependientes de Belgrado: macedonia.
- Dependientes de Bucarest: moldava.

No canónicas, es decir, que no dependen de ningún patriarcado:
- Autoproclamadas: británica, macedonia, montenegrina.
- Separadas de Constantinopla (turca) y Moscú: bielorrusa, ucraniana, "fuera de Rusia" (Nueva York, 150.000 fieles).

La *geografía* actual de la ortodoxia se puede observar en el siguiente mapa:

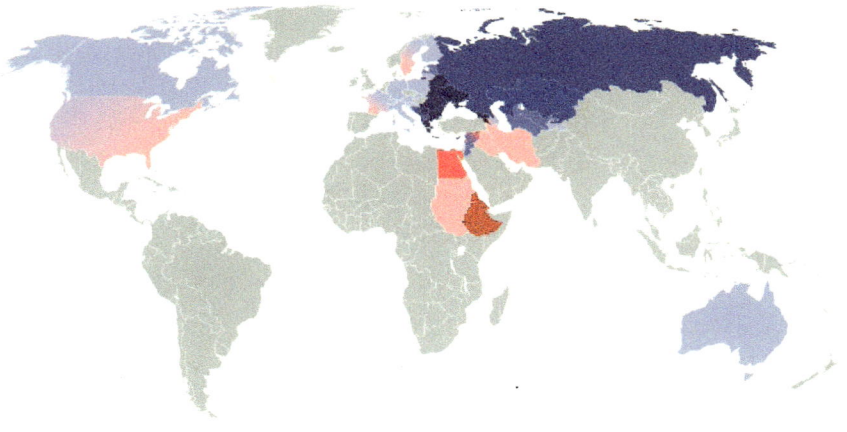

Segunda parte

Las divisiones en occidente

La reforma luterana

En primer lugar, apreciamos cómo no existe una sola reforma protestante, sino *varias y sucesivas*, que veremos en las siguientes páginas. Ahora nos ocuparemos de la primera y original: la luterana; después vendrá la "segunda reforma", el anglicanismo y la "tercera reforma". Como preparación del 500 aniversario de la muerte de Lutero, los obispos católicos y protestantes de las regiones alemanas de Turingia y Alta Sajonia –lugares ligados al reformador alemán– publicaron en febrero de 1996 una pastoral conjunta, en la que se destacaban algunos aspectos positivos de la figura de Lutero, a la vez que lamentaban la crisis que experimentó la Iglesia en el siglo XVI.

Entre los aspectos positivos promovidos por el reformador alemán, destacaban el amor a la *Escritura* y la profundización en la *doctrina de la justificación*, que dieron lugar a las conversaciones que en 1999 alcanzaron el acuerdo expresado en la declaración conjunta. Para Lutero, la doctrina de la justificación supuso el *articulus stantis et cadentis Ecclesiae* y el redescubrimiento de la misericordia de Dios. Él mismo describe cómo, al estudiar la Escritura, llegó a la idea de que la justicia de Dios no es la de un Dios cruel que castiga al pecador, sino la justicia generosa por la que Dios lo justifica.

1. Orígenes e historia

Fecha emblemática de inicio de la reforma es el 31 de octubre de 1517, día en que presuntamente clavó sus famosas 95 tesis –poco después de enviarlas al arzobispo Alberto de Brandeburgo– en la puerta de la iglesia del castillo de Wittenberg. En los alrededores, el dominico Juan Tetzel predicaba sobre las indulgencias, con el fin de recoger fondos para construir la basílica de san Pedro en Roma, tal como había dispuesto el papa Julio II.

Tras ser procesado Lutero por Roma y mantener encendidos debates teológicos con el cardenal Cayetano y Juan Eck, las doctrinas luteranas fueron declaradas contrarias a la fe por León X, con la bula *Exsurge Domine*, de 1520.

El reformador fue después excomulgado con la bula *Decet Romanum Pontificem*, de 1521. En ese mismo año publicó tres de sus obras más difundidas: *A la nobleza de la nación alemana*, *La cautividad de Babilonia* y *La libertad cristiana*.

El luteranismo se difundió desde Alemania hacia el *norte de Europa*, mientras que, en el sur y el este europeos predominaron el catolicismo y el calvinismo, como veremos. Incluso en territorios católicos como Austria, algunos nobles y caballeros imperiales abrazaron el luteranismo.

Así, en 1555 eran ya ampliamente luteranas Alemania oriental y central; entre 1555 y 1560 otros príncipes lo introducen, por ejemplo, en el Palatinado y Baden; y muchos caballeros imperiales lo difunden en Alsacia y en Westfalia, en el suroeste alemán y en diócesis francesas. Después se difundió también por los países bálticos y escandinavos, aunque fuera de Alemania y Escandinavia, las comunidades luteranas son minoritarias.

Con la emigración del siglo XIX, en América del norte, surgió un nuevo centro del luteranismo y de otras comunidades eclesiales. A este panorama hay que añadir otras regiones geográficas –sobre todo en el nuevo mundo– y las influencias entrecruzadas del anglicanismo y del calvinismo. El resultado va a ser la difusión y, a la vez, la difusión y la fragmentación del protestantismo en todo el mundo.

La teología escolástica de la época (ya tardía, en decadencia y sometida al nominalismo de Ockham, transmitido en Alemania por su discípulo Gabriel Biel, que es a quien estudió Lutero) no ofrecía suficientes recursos para oponerse a las propuestas de la reforma. Una serie de factores históricos (entre ellos el favor de los príncipes, el uso de la imprenta y, no en último lugar, la decadencia moral de buena parte de la jerarquía eclesiástica católica) favoreció notablemente la difusión del luteranismo en Alemania y en los países nórdicos, donde este se convirtió en *religión de Estado*. La Paz de Augsburgo (1555) con su principio de *cuius regio, eius religio*– hizo surgir nuevos Estados confesionales. Más adelante se extendió en parte de Norteamérica, gracias a emigraciones de alemanes, la mayoritaria en esas tierras.

Felipe Schwarzerd (1497-1560), más conocido con el nombre helenizado de *Melanchton*, gran humanista y colega de Lutero en Wittemberg, abrazó con entusiasmo la causa de la reforma y consolidó sus fundamentos teológicos, eludiendo los extremismos de las formulaciones luteranas más polémicas.

Tras redactar la *Confesión de Augsburgo* (1530), escribió al año siguiente su *Apología*, en respuesta a la *Confutatio pontificia*. Así, su artículo IV sobre la justificación es una de las exposiciones luteranas más difundidas. También escribió *De potestatae papae* (1537).

A los cristianos procedentes de la reforma se les llamó *protestantes* porque, en la Dieta de Espira de 1529, cuando "protestaron" contra el papa y el emperador, al exigir la reforma de la Iglesia según los principios de Lutero. Hoy se tiende a abandonar esta terminología, si bien está bastante extendida. Así, luteranos y "reformados" –calvinistas y zwinglianos, como veremos– prefieren el término "evangélicos", lo cual suscita cierta confusión con los *evangelicals* –"evangélicos" o "evangelicales"– surgidos en los siglos XVIII-XIX. En cualquier caso, en la actualidad ninguno de los dos términos conserva sentido peyorativo alguno.

Tras estos primeros desarrollos, enseguida surgieron nuevas interpretaciones en el seno del luteranismo. En el siglo XVII, la llamada *ortodoxia luterana* pretendió ofrecer una formulación teológico-sistemática del pensamiento del reformador, acompañada de una gran institucionalización de la vida religiosa y de un control estricto por parte del príncipe territorial. Paradójicamente, tal ortodoxia no fue siempre fiel a Lutero, justo por su carácter sistemático, ajeno al genio del reformador, en ocasiones algo contradictorio.

La aridez de esta corriente suscitó como reacción la *espiritualidad pietista*, orientada a cultivar el sentimiento religioso de un modo menos intelectualista. En sus comienzos cobró gran importancia la publicación de los *Pia desideria* del teólogo luterano F. J. Spener, en 1675. Pieza clave de esta propuesta fue el concepto de "re-nacimiento", que desplazó el centro de la espiritualidad luterana de la *fides* a la *pietas*. Al privilegiar la experiencia personal de Dios exclusivamente a partir de la Biblia –sin catecismos ni manuales y fuera del ámbito de la colectividad organizada– el pietismo se mostró crítico respecto a las instituciones eclesiales. Esta corriente influirá mucho en los futuros desarrollos del protestantismo, como iremos viendo.

Más adelante, desde finales del siglo XVIII, tendrá lugar una convivencia de círculos pietistas con ambientes doctrinales influidos por la Ilustración. Entre los primeros destaca la figura de F. D. E. Schleiermacher y sus obras *Sobre la religión. Discursos a aquellos intelectuales que la desprecian* (1799) y *La fe cristiana* (1822), en las que el *sentimiento* desarrolla un papel central. La razón se verá así excluida de la religión, que se refugiará en los buenos sentimientos, de un modo un tanto romántico y en coherencia con la filosofía de Kant. La divinidad de Jesucristo también quedaba en entredicho. Entre los críticos con la institución religiosa cabe citar a Søren Kierkegard, para quien "cristiano no se nace, sino que se hace", sentando así las bases del posterior fenómeno de los "cristianos sin Iglesia". *Believing without belonging*: creer sin pertenecer será su lema. Entre los racionalistas pueden mencionarse las posiciones teológicas de Hegel, que en su último curso académico confesó ser evangélico-luterano.

Las reinterpretaciones del luteranismo se sucederán en el tiempo. En la segunda mitad del siglo XIX se dará el florecimiento del *protestantismo liberal*, representado sobre todo por el citado Schleiermacher y por Adolf von Harnack (1851-1930). Este último, en sus clases sobre *La esencia del cristianismo*, impartidas en Berlín en 1900 y publicadas un año después, distinguió el evangelio en que Cristo es su objeto del anunciado, de tipo semítico y no desvirtuado por la mediación helénica. Por eso el cristianismo necesita un proceso de *deshelenización (Enthellenisierung)*, para recuperar solo su esencia semítica. Las divisiones dialécticas en el seno del cristianismo serán una constante, que seguirán dando sus pasos, poco a poco.

Poco después fue Ernst Troeltsch (1865-1923) quien, en su obra *Lo absoluto del cristianismo y la historia de las religiones* (1912), de corte historicista, lleva a entender el cristianismo como una mera cultura. La teología liberal toma forma, con Rudolf Bultmann (1884-1976) y su distinción entre el *Jesús de la historia* y el *Cristo de la fe*, una nueva teoría en un intento de *desmitificar* el nuevo testamento. La figura de Jesucristo se desdobla entre el Jesús histórico y el Cristo de la fe, creando así una nueva escisión al interno del cristianismo. Se sigue así de modo estricto la lógica de la exclusión, del *aut-aut* (o una cosa o la otra), mientras que la perspectiva católica suele ser más dialógica (*et-et*: no solo sino también).

Con todo, el siglo pasado se caracterizó también por suponer una vuelta a la autenticidad luterana, en particular con la figura de Dietrich Bonhoeffer (1906-1945), pastor y teólogo alemán, muerto como consecuencia de las penurias sufridas en un campo de concentración nazi. Bonhoeffer, activo protagonista de la *Iglesia confesante*, desde los inicios de su trabajo teológico mostró gran interés por la eclesiología, en principio ajena a los intereses luteranos. En su obra *Sequela*, de 1937, se enfrentaba al luteranismo demasiado centrado en la justificación por la sola fe, por alejarse de la praxis propuesta por el evangelio. Y en su *Ética* (1940) propone el principio de la "existencia-para-el otro" como núcleo central de la vida cristiana.

El francés Oscar Cullmann (1902-1999), profesor de Historia de la Iglesia antigua en su ciudad natal (Estrasburgo) y París, fue un gran estudioso del nuevo testamento y apasionado del ecumenismo. Participó como observador en el concilio Vaticano II. Es muy conocido por su libro *Cristo y el tiempo* (1946), en el que considera la historia como una *dimensión de la salvación* e, incluso, como el lugar donde esta se realiza: el reino de Dios sería una realidad histórica, además de escatológica. Marca así distancias de modo polémico con la desmitificación del cristianismo propuesta por Bultmann, quien negaba la posibilidad de comprobar la historicidad de la persona de Jesús.

Tras todas estas evoluciones dentro del luteranismo, el deseo de volver a las raíces luteranas siempre ha estado latente en su *forma credendi*. Tal como expresó más de un teólogo luterano del siglo pasado, se trata del deseo de "redescubrir el primer Lutero" y de "remontarse al espíritu original de la reforma", que para muchos no coincide con el actual "protestantismo". En sintonía con el racionalismo hegeliano se encuentra, por su parte, Wolfhart Pannenberg (1928-2014), quien –intentando conciliar fe y razón– concibe la historia como revelación continua de Dios, tal como expone en su obra *Revelación como historia* (1963).

Como vemos, con sus múltiples variantes, el luteranismo se ha difundido por el mundo. En la actualidad el número global de los luteranos se acerca a los *80 millones*, agrupados en la Federación luterana mundial, con la distribución que puede observarse en el siguiente mapa:

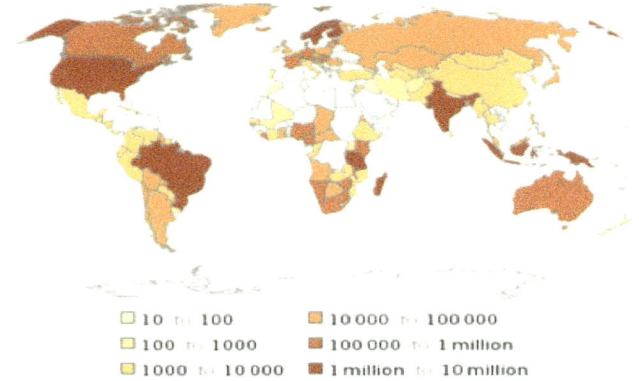

☐ 10 to 100	■ 10 000 to 100 000
☐ 100 to 1000	■ 100 000 to 1 million
☐ 1000 to 10 000	■ 1 million to 10 million

2. La situación actual

Tras este paréntesis histórico, continuaba el citado texto de 1996 suscrito por luteranos y católicos: "Los estudios sobre la historia de la reforma llevados a cabo en los últimos decenios con espíritu ecuménico, nos muestran hoy un cuadro más matizado de lo ocurrido entonces", ya liberados de la fuerte carga pasional y polémica de las circunstancias de la época. El paso de los años ha atemperado los ánimos y nos permite un discernimiento más ecuánime. "Después de siglos de disputa –añaden–, hemos llegado a la conclusión de que estamos de acuerdo en algunos puntos esenciales". Pocos meses más tarde, al hablar Juan Pablo II el 22 de junio de 1996 en la catedral de Paderborn sobre el origen de la ruptura, afirmaba que "a todos nos corresponde hacer penitencia, porque todos nos sentimos culpables de ella". Ya san Juan de Ávila (1499-1569) había dicho en los memoriales al concilio de Trento que "en especial la tibieza de los sacerdotes fue la raíz última que condujo al desgarro de la cristiandad".

Junto con muchas otras muchas causas, el papa polaco señalaba también entre las causas de la ruptura "la flaqueza de la Iglesia católica, así como los intereses políticos y económicos", además de "el carácter apasionado de Lutero que le empujó a ir más allá de sus intenciones iniciales en la crítica radical a la Iglesia". Juan Pablo II partía, pues, de un reconocimiento mutuo de la propia culpa y la consiguiente petición de perdón. Exhortó a continuar el camino emprendido hacia la unidad, la cual debe progresar, paso a paso, en la búsqueda del diálogo y de la comprensión. El tema de la justificación, al ser el artículo fundamental del que arranca toda la reforma, fue profundizado –por el esfuerzo conjunto– en esos últimos años, hasta llegar a la declaración conjunta sobre este *articulus stantis et cadentis Ecclesiae*. Después de varios años de diálogo de la Comisión mixta católico-luterana, se fue llegando a un principio de acuerdo que iba a tener gran trascendencia ecuménica.

En efecto, el 31 de octubre de 1999, aniversario del inicio de la reforma, católicos y luteranos firmaron un documento para poner punto final a un enfrentamiento doctrinal que se había iniciado 482 años antes, cuando Lutero clavó supuestamente sus famosas 95 tesis en la puerta de la iglesia palatina de Wittemberg. La doctrina de la justificación constituye el tema teológico fundamental que está en la raíz de aquel enfrentamiento del reformador alemán con la autoridad de la Iglesia. Aunque sería ingenuo pensar que todo está resuelto, no se puede negar la trascendencia de la firma de la declaración conjunta. Este acuerdo fue firmado en Augsburgo –ciudad alemana donde también en 1530 fue presentada la *Confesión de fe*– por el cardenal Edward Cassidy y Christian Krause, presidente entonces de la Federación luterana mundial. Más adelante, en 2006, el Consejo metodista mundial se adhirió a esta declaración, a la que se sumaron después metodistas, reformados y anglicanos.

Como anécdota, podemos añadir que este documento fue "desbloqueado" –entre otros– por el entonces cardenal Joseph Ratzinger (1927-

2022) y el obispo luterano Johannes Hanselmann (1927-1999) en el anterior mes de noviembre de 1998. Se encerraron en un hotel obispos y teólogos, hasta llegar a una fórmula aceptable para ambos.

Años después, ya como papa Benedicto XVI recordó el 23 de septiembre de 2011, en la visita al convento de los agustinos de Erfurt, donde Martín Lutero permaneció seis años: "Lo que le quitaba la paz era la cuestión de Dios, que fue la pasión profunda y el centro de su vida y de su camino". Tras haber hecho una referencia al profundo interés del reformador por el misterio del mal, del pecado y de la necesidad de un Dios misericordioso, el papa alemán se refirió al núcleo del problema: "No, el mal no es una nimiedad. No sería tan poderoso si nosotros pusiéramos a Dios realmente en el centro de nuestra vida", por lo que eran requeridos "la vivencia y el testimonio de la verdad de la fe". Realizaba después un análisis respecto a los nuevos retos que se le plantean al cristianismo del siglo XXI, adecuándolo a las circunstancias actuales:

> Quisiera señalar brevemente dos aspectos, continuaba haciendo un balance de gran interés. En los últimos tiempos, la geografía del cristianismo ha cambiado profundamente y sigue cambiando todavía, afirmó tal vez refiriéndose al *avance de movimientos evangélicos y pentecostales*. Ante una nueva forma de cristianismo, que se difunde con un inmenso dinamismo misionero, a veces preocupante en sus formas, las iglesias confesionales históricas se quedan frecuentemente perplejas.

> Es un cristianismo de escasa densidad institucional, con poco bagaje racional, menos aún dogmático, y con poca estabilidad. Este *fenómeno mundial* –que los obispos de todo el mundo continuamente me describen– pone ante nosotros la pregunta: ¿Qué nos transmite, positiva y negativamente, esta nueva forma de cristianismo? Sea de ello lo que fuere, nos sitúa nuevamente ante la pregunta sobre qué es lo que permanece siempre válido y qué puede o debe cambiarse ante la cuestión de nuestra opción fundamental en la fe.

> Más profundo, y en nuestro país, más candente, es el segundo desafío para todo el cristianismo; quisiera hablar de ello: se trata del contexto del *mundo secularizado* en el cual debemos vivir y dar testimonio hoy de nuestra fe. La ausencia de Dios en nuestra sociedad se nota cada vez más, la historia de su Revelación, de la que nos habla la Escritura, parece relegada a un pasado que se aleja cada vez más. ¿Acaso es necesario ceder ante la presión de la secularización, llegar a ser modernos adulterando la fe?

> Naturalmente, la fe tiene que ser nuevamente pensada y, sobre todo, vivida, hoy de modo nuevo, para que se convierta en algo que pertenece al presente. Ahora bien, no ayuda a todo esto el adulterarla, sino vivirla

de modo íntegro en nuestros días. Esta es una tarea ecuménica central, en la cual debemos ayudarnos mutuamente: a creer cada vez más viva y profundamente. No serán las tácticas las que nos salven, las que salven el cristianismo, sino *una fe pensada y vivida de un modo nuevo*, mediante la cual Cristo, y con él, el Dios viviente, entre en nuestro mundo.

Ahora bien, si la declaración conjunta sobre la justificación suscrita también por los metodistas en 2006 y reformados y anglicanos en 2017, queda pendiente, sin embargo, que esta sea asumida por la mayor parte de las demás denominaciones protestantes, especialmente los mencionados evangélicos y pentecostales, quienes todavía no la han firmado. Así, el diálogo teológico debe pues seguir adelante. Además, el siguiente tema teológico pendiente que debería alcanzar otra declaración conjunta sería *la eucaristía, el ministerio y la eclesiología*, tal como propusieron el cardenal Kurt Koch (n. 1950), actual presidente del católico Dicasterio para la promoción de la unidad de los cristianos, y Harding Meyer (n. 1928), profesor luterano del Instituto de investigación ecuménica en Estrasburgo. Walter Kasper (n. 1933) esperaba también que "muchos cristianos esperan con razón que el quinto centenario de la reforma en 2017 nos acerque, un paso más, ecuménicamente, a la meta de la unidad. No podemos defraudar esta esperanza".

3. *La doctrina luterana*

A pesar de las variantes hay una *identidad doctrinal luterana*, en la que podríamos establecer una serie de puntos en común, con los siguientes elementos:

1. El centro del evangelio es la *justificación del pecador por la sola fe*. El punto de partida de Lutero (según Rm 1,17, "la justicia de Dios no es aquella que castiga al pecador, sino aquella que lo justifica y absuelve en la fe"), se convierte en piedra angular de la teología luterana. Como vemos, a "la fe" de la que habla san Pablo, Lutero añade un adjetivo restrictivo: la "sola fe".

> La justicia de Dios alcanza a la persona por medio de la redención o de la obra salvífica de Cristo, que acontece fuera de la persona humana y permanece siempre como obra y mérito de Cristo (*iustitia aliena*). La iniciativa y la libertad del cristiano son irrelevantes.
>
> Esta justificación se le aplica al hombre a través de un acto en cierto modo legal –la justificación forense– por parte de Dios. Tan solo hace que el pecado no sea imputable, cubriéndolo a los ojos de Dios y de los demás. La "sola fe" excluye la importancia de las obras y, por tanto, también de la libertad y disminuye el protagonismo de la caridad.

2. Así, la justificación del pecador se comprende desde los *cinco sola/us: sola gratia, sola fide, sola Scriptura, solus Christus, solus Deus*. En ellas se resume la acción de perdón y de redención de Dios, realizada por la persona y obra de Cristo. Solo a partir de la única mediación de Cristo, se comprende el rechazo luterano de toda obra humana como medio de salvación, ya sea por el sacerdote, los sacramentos o los santos, a los que considera solo como ejemplos de fe.

> Las obras humanas intentan eclipsar la única acción salvífica de Dios y, por tanto, la libertad y la respuesta humana no tienen un verdadero valor. Solo salva la gracia, y todo es gracia. En este punto entra también el *sola Scriptura*, ya que la justificación llega a cada uno de modo real por medio de la predicación de la Escritura, cuyo centro es Cristo. Sin embargo, excluye otras instancias que nosotros consideramos como complementarias, como la tradición o la Iglesia.

3. La *Escritura* es *norma normans non normata* de la fe, la norma no normada por nadie, que supone la norma de todo. La Iglesia y la tradición –decíamos– no presentan relevancia alguna en la interpretación de la Escritura. A su vez, sin embargo, los escritos confesionales de los reformadores supondrían su interpretación objetiva y criterio de la predicación eclesial, siempre sometidos al juicio de la Escritura. Es decir, tendrían una tradición, pero distinta a la liturgia y los escritos de los padres de la Iglesia que guían la lectura católica.

> Según la teología luterana, el *canon* es definitivo por motivos prácticos e históricos, pero no teológicos; puesto que esto supondría absolutizar la tradición o instancias eclesiales de los primeros siglos. Así, hay una cierta desconfianza en relación con algunos libros del antiguo testamento o las cartas a los hebreos, a Santiago y Judas, lógicamente por no sintonizar demasiado con la enunciada doctrina de la justificación.

4. La *predicación de la Palabra y la administración de los sacramentos* son medios para la salvación, aunque existe el conocido énfasis en la predicación. Por este motivo, Lutero insistía en que debe existir un ministerio de la predicación y de los sacramentos, tal como recuerda el capítulo VII de la *Confesión de Augsburgo*.

> Sin embargo, son solo reconocidos como *sacramentos* en sentido estricto el bautismo y la santa cena; en lo que se refiere a la penitencia hay posiciones diversas en la tradición luterana, que van desde su supresión a las absoluciones generales, e incluso la confesión auricular. También

para los demás sacramentos hay los correspondientes ritos (confirmación, ordenación, matrimonio, unción de enfermos, facultativa en algunas de estas comunidades), si bien se entienden siempre como "acción de bendecir".

El *bautismo*, para Lutero y la teología luterana, tiene una importancia central, pues se realiza en obediencia al mandato de Cristo y obtiene el perdón de los pecados, la redención de la muerte y del diablo, y la bienaventuranza eterna. Abarca así todo el ámbito de la justificación, aunque no borra el pecado original ni los pecados personales. De esta premisa se deriva que el bautismo de los niños sea la regla general, ya que la Iglesia no tiene derecho alguno a negar a los niños el don y la gracia de este sacramento.

Las comunidades luteranas reconocen la presencia real y verdadera del Señor en la santa cena, "en, con y bajo la especie del pan y del vino" según la fórmula de la consustanciación, sin determinar de manera más precisa el modo de esta unión sacramental. Hablan de una presencia real, personal y sacramental, pero nunca sustancial. La cena se entiende como un alimento en el que se nos da a Cristo. La presencia del Señor está unida a la celebración de la cena (*in usu*) y, por tanto, no persiste más fuera de ella (*extra usum*).

5. Tiene gran importancia para la teología luterana la *distinción entre ley y evangelio*, la cual se basa sobre la idea de que la palabra de Dios actúa de modos diversos. Con la ley, Dios anuncia su voluntad a la humanidad por medio de mandamientos y prohibiciones. En cuanto ley moral, "escrita en nuestros corazones" (Rm 2, 15), aunque por el pecado original nadie puede cumplirla. Esta ley tan solo sirve para conocer los pecados o la llamada a la salvación, y ayuda a reconocer la distancia entre sus acciones y la exigencia de la Ley.

Tanto el creyente como el descreído pueden orientarse hacia la ley, ya que contiene la entera norma del obrar moral, de modo que sería una ley universal. El *evangelio* contiene, sin embargo, la enseñanza del perdón de los pecados por la gracia y suscita la fe por la que se obtiene la salvación. No hay oposición alguna entre ley y evangelio, ya que ambas provienen de Dios y están al servicio de la salvación humana.

Esta idea está muy viva en la actual teología luterana, al mismo tiempo que subraya la diferencia entre las dos, pues se entiende al cristiano como *simul iustus et peccator*. El pecado y la gracia conviven dentro de cada uno de nosotros, puesto que esta tan solo hace que aquel no sea imputable. La gracia tan solo cubre el pecado, que siempre permanece bajo ella.

4. Las tareas pendientes

La división de la Iglesia se ha ido desarrollando a lo largo de los siglos. Tras división del siglo V y la separación en 1054 entre los cristianos de oriente y occidente que dio lugar a las iglesias ortodoxas (la Iglesia quedó dividida entre un oriente ortodoxo y un occidente católico), en 1517 empezó a dibujarse en Europa una *línea divisoria entre norte y sur*, que luego se trasladó al continente americano: el norte será predominantemente protestante, mientras el sur, originariamente católico. Esta tendencia ha ido cambiando –en un sentido y otro– en los últimos decenios, si bien la gran evangelización se esté llevando en estos momentos en tierras asiáticas y africanas. Además, a estos hechos se unirán tanto una segunda y tercera reformas, auspiciadas principalmente por los reformadores suizos y por el "despertar religioso" del siglo XIX, así como el cisma que dará lugar al anglicanismo, junto con las sucesivas divisiones y reunificaciones. El resultado final es un complejo mapa de confesiones y denominaciones protestantes en todo el mundo, que iremos dibujando poco a poco.

En todos estos acontecimientos, es indudable el protagonismo de Martín Lutero, quien modificó sustancialmente *el destino de la cristiandad desde el siglo XVI*. Si la Iglesia en Europa resultó dividida en dos, también es cierto que el reformador alemán ha sido considerado como uno de los padres de la modernidad. Lutero fue el principal iniciador de un movimiento reformista que continúa en diversos ámbitos geográficos y épocas históricas. Veremos igualmente el desarrollo de otras comunidades reformadas y de las llamadas "iglesias libres", así como su relación con el anglicanismo. Sin embargo, las esperanzadoras referencias al movimiento ecuménico y a la situación actual del diálogo católico-luterano, como el 500º aniversario de la reforma protestante en 2017, la reforma ha sido conmemorada conjuntamente por parte de católicos y luteranos. En efecto, es bueno echar una mirada atrás, para enmendar los errores y poder afrontar mejor el presente y el futuro.

En el mencionado encuentro que tuvo lugar en Erfurt –la ciudad católica de la vida de Lutero– el 23 de septiembre de 2011, Benedicto XVI terminaba con las siguientes palabras:

> Más profundo, y en nuestro país, más candente, es el segundo desafío para todo el cristianismo; quisiera hablar de ello: se trata del contexto del *mundo secularizado* en el cual debemos vivir y dar testimonio hoy de nuestra fe. La ausencia de Dios en nuestra sociedad se nota cada vez más, la historia de su revelación, de la que nos habla la Escritura, parece relegada a un pasado que se aleja cada vez más. ¿Acaso es necesario ceder a la presión de la secularización, llegar a ser modernos adulterando la fe? Naturalmente, la fe tiene que ser nuevamente pensada y, sobre todo,

vivida, hoy de modo nuevo, para que se convierta en algo que pertenece al presente.

Ahora bien, a ello no ayuda su corrupción, sino vivirla íntegramente en nuestro hoy. Esta es una *tarea ecuménica* central, en la cual debemos ayudarnos mutuamente, a creer cada vez más viva y profundamente. No serán las tácticas las que nos salven, las que salven el cristianismo, sino una fe pensada y vivida de un modo nuevo, mediante la cual Cristo, y con Él, el Dios viviente, entre en nuestro mundo.

Como los *mártires* de la época nazi propiciaron nuestro acercamiento recíproco, suscitando la primera gran apertura ecuménica, del mismo modo también hoy la fe, vivida a partir de lo íntimo de nosotros mismos, en un mundo secularizado, será la fuerza ecuménica más poderosa que nos congregará, guiándonos a la unidad en el único Señor. Y por esto la plegaria para aprender de nuevo a vivir la fe para poder así ser una sola cosa.

En esta misma línea, afirmaba el papa Francisco en la visita que realizó a la comunidad luterana de Roma el 15 de noviembre de 2015:

Me parece también fundamental que la Iglesia católica lleve adelante con valentía la atenta y honesta revaloración de las intenciones de la reforma y de la figura de Martín Lutero, en el sentido de una *Ecclesia semper reformanda*, en el gran camino trazado por los concilios, como también de hombres y mujeres, animados por la luz y la fuerza del Espíritu santo.

Revisando los quinientos años que nos separan desde los comienzos reformistas de Lutero, el papa argentino añadía que no podemos celebrar la división, pues esta constituye un pecado. Conmemoración, pues, nunca celebración, fue el término empleado en aquel entonces. Por tanto, la conmemoración de los quinientos años comienza por la mutua petición de perdón que nos obtendrá la necesaria *purificación*, para estar más preparados para la unidad que solo puede otorgarnos el Espíritu.

La "segunda reforma"

Con motivo de la histórica misa que tuvo lugar en 2020, en la catedral calvinista de Ginebra, después de cinco siglos ninguna celebración católica, resulta interesante recordar ahora algunas ideas sobre la teología reformada. El término "reformado" es un genérico (referido a la reforma protestante) y un específico, tal como lo entendemos en este capítulo. Aquí nos referimos a aquellas comunidades que formaron parte de una "segunda reforma" protestante, difundida en tierras suizas por *Zwinglio y Calvino* en un primer momento, y que de allí se va a expandir por todo el mundo: primero a Francia, Holanda y Escocia, hasta llegar a los 80 millones de cristianos pertenecientes a la Comunión mundial de iglesias reformadas (CMIR).

La influencia en el mundo de las ideas y en la sociedad resulta todavía mayor, sobre todo por la vertiente social y práctica de sus enseñanzas. Reciben también a veces, en el mundo anglosajón, los nombres de *puritanos, presbiterianos y congregacionalistas*. El desarrollo de estas comunidades no solo en tierras helvéticas, sino también en Europa, Estados Unidos, Latinoamérica y Asia, especialmente en Corea. El calvinismo se ha convertido así en un fenómeno mundial.

1. Los orígenes históricos

En la Suiza alemana, *Ulrich Zwinglio* (1484-1531) predicó un radicalismo disgustó al mismo Lutero. De hecho, se enfrentó en la Disputa de Marburgo en 1529, donde el reformador suizo defendió la dimensión solo simbólica de la eucaristía, mientras Lutero expuso con vehemencia su fe en la presencia real. *Hoc est corpus meum*, escribió con tiza en la mesa. La separación entre ambos se hizo evidente a partir de ese momento.

Zwinglio pertenecía a la misma generación que Lutero, y por eso nunca quiso que le llamasen luterano, aunque aceptó la doctrina de la justificación por la sola fe. Además, el reformador suizo veía en *Cristo* al *maestro* y al *modelo*, mientras para el alemán Cristo era el único Salvador que perdona y da la vida eterna por pura misericordia.

La mentalidad de Lutero estaba siempre marcada por la teología de la cruz, mientas la de Zwinglio, por la *filosofía humanística* con sus métodos, su lógica rigurosa y su visión un tanto intelectualista. Las tendencias espiritualistas propias del humanismo fueron exageradas por su aversión a las imágenes y a los sacramentos. Tan solo cabía la predicación de la palabra, hasta el punto de que en sus iglesias quedaba (casi) solamente el ambón.

En la Suiza de lengua francesa, *Juan Calvino* (1509-1564) abrió nuevos caminos en el protestantismo. Había recibido una formación jurídica que va a influir en la exposición de la doctrina y en la organización civil y eclesial. Trabajador incansable, procuró instaurar en Ginebra las condiciones de vida de la Iglesia primitiva. Así, todos los aspectos de la vida social resultaron regulados: no solo la predicación y los cantos religiosos, sino también castigando con la pena de muerte por blasfemia, adulterio u ofensa a los propios padres.

Esta *organización férrea* a la que sometió a la ciudad tuvo algunas consecuencias positivas, como la mejora de la calefacción, la industria textil o la atención sanitaria. El mismo día de su muerte reunió a sus amigos en torno a su lecho para predicarles un sermón. Cuando murió el 27 de mayo de 1564, toda Ginebra lloró ante su féretro. Logró así una verdadera teocracia bajo el gobierno directo de la palabra de Dios.

Calvino fundó una *sociedad teocrática* fuertemente rigorista, tanto en lo público como en lo privado. El juego, los bailes y las representaciones teatrales se prohibieron; promovió tanto la predicación como el desarrollo económico de la ciudad. Incluso diseñó y controló el sistema de calefacción. Todo lo que ocurría en Ginebra estaba bajo su supervisión. También mantuvo un férreo control del sistema doctrinal.

Al igual que Zwinglio, condenó a muerte a sus opositores, entre ellos al científico y teólogo Miguel Servet. Estableció una forma de gobierno basada en *pastores elegidos por cada comunidad*, apoyados por doctores y ancianos, y ayudados por diáconos. Como aspectos positivos, concedió gran importancia a la educación, tanto civil como religiosa, de lo que se desprende la importancia que han dado a la teología, dando lugar a figuras notables en este saber. Desarrolló una intensa actividad literaria y murió prácticamente agotado.

Calvino expuso su doctrina en el tratado llamado la *Institución cristiana*, una de las obras más influyentes de la literatura mundial, junto al *Pequeño catecismo* de Lutero. Calvino tiene la misma concepción sobre la justificación que Lutero, e incluso la intensifica con la *"doctrina de la doble predestinación"*. Mientras unos están predestinados a la salvación, otros lo son a la condenación, por motivos misteriosos para nosotros.

> Escribe el reformador suizo: "Lo que hay de más noble y laudable en nuestras almas no solo está herido y dañado, sino totalmente corrompido". Esta doctrina resulta tan dura y niega de tal manera la libertad que ya el arminianismo la mitigó ya en el siglo XVII, y en la actualidad son pocos autores los que la mantienen. En efecto, Calvino *identifica pecado original y concupiscencia*, entendida como la oposición entre el hombre y Dios, entre el finito y el infinito, dirá después Karl Barth. El hombre nace empecatado y, después del bautismo, lo sigue estando: "El hombre por sí mismo no es sino concupiscencia". Por tanto,
>
> a) el hombre *no es libre*, sino que está totalmente sometido al mal;
> b) todas las obras espirituales del hombre son *pecado*;
> c) las obras del justo son también pecado, aunque Cristo *las conoce y las oculta*;
> d) la justificación es la mera *no imputación del pecado*.

2. La situación actual

El celo del fundador se tradujo en la intensa *actividad misionera* que realizaron sus seguidores. Los reformados calvinistas se expandieron a Holanda con el apoyo de Guillermo de Orange, y a Francia (hugonotes), Hungría y Rumanía. En Escocia se impusieron en 1560 por obra de John Knox y desde allí emigraron a América del Norte, donde hoy se encuentra la comunidad más numerosa de presbiterianos.

> El inicial deseo de purificar la Iglesia de las restantes "escorias papistas" proporcionó a los calvinistas el nombre de *puritanos* en Inglaterra. No obstante, tal puritanismo es más conocido como actitud ética de gran influencia en los inicios del régimen democrático estadounidense y en la educación de muchas generaciones en el mundo occidental, sobre todo a través de universidades tan famosas como Yale, Princeton o Harvard.

En el siglo XX, el calvinismo original fue retomado y redefinido por grandes personalidades, como Karl Barth (1884-1968). El primero enseñó en Gotinga y Bonn antes de volver a su ciudad natal, Basilea, con motivo de su oposición al nazismo. En la segunda edición de su *Comentario a la Carta a los Romanos* (1922), Barth se desmarca de la tradición del protestantismo liberal, a la que se había adherido hasta ese momento. El teólogo suizo establece los fundamentos de su mayor contribución a la teología contemporánea: la *teología dialéctica*, en la cual la palabra de Dios se sitúa en el centro de su pensamiento teológico y hace de bisagra entre la transcendencia infinita de Dios y la finitud egocéntrica del hombre. Resulta así aún más acentuada la absoluta transcendencia de Dios ("el totalmente Otro") y la contraposición calvinista habitual entre finito e infinito, Dios y el mundo, Creador y criatura.

> Barth profundizó esta línea de pensamiento en *Los prolegómenos de una dogmática cristiana* (1927). Sin embargo, en perspectiva eclesiológica, su obra más relevante es sin duda *Dogmática eclesial*, iniciada con la publicación del primero de sus 13 volúmenes en 1932 y que dejó inacabada al morir.

> Rechaza ahí de plano la teología natural y los *praeambula fidei*, ya que el único acceso al Dios totalmente transcendente sería el de la revelación sobrenatural, de modo que niega categóricamente la *analogia entis*, hasta decir que era el único motivo por el que no se hacía católico...

> Desde el punto de vista dogmático, contempla a la Iglesia con una *impronta* marcadamente *trinitaria y cristológica*, que lleva a desviar el acento de las comunidades de los predestinados hacia la de los elegidos por Dios en Cristo.

En 1970 fue creada la *Alianza Reformada Mundial* (WARC), con sede en Ginebra, que aunó a comunidades reformadas y presbiterianas con otras congregacionalistas y unidas. A su vez, en 2010 la WARC se unió con unas cuantas entidades más en la *Comunión mundial de iglesias reformadas* (WCRC), con sede en Hannover, que agrupa a 233 iglesias en 108 países y cuenta con más de 80 millones de miembros.

> La Comunión mundial de iglesias reformadas (CMIR) es la asociación más grande de iglesias reformadas en el mundo y la quinta comunión cristiana más grande en el mundo, después de la Iglesia católica, las iglesias ortodoxas, la Comunión anglicana y el Consejo metodista mundial. Tiene 229 denominaciones miembro en 108 países, reuniendo 80 millones de personas. Este cuerpo ecuménico cristiano se conformó en junio de 2010 por la unión de la Alianza reformada mundial (ARM) y el Consejo ecuménico reformado (CER), lo cual demuestra una vez más la tendencia protestante a establecer alianzas entre las distintas iglesias.

Los calvinistas participan en el movimiento ecuménico con menos entusiasmo que otras denominaciones protestantes surgidas de la reforma del siglo XVI, debido a su específica eclesiología, que concede poco espacio al elemento visible. Su afinidad con el luteranismo cristalizó en la fórmula de comunión denominada *"diversidad reconciliada"*, expresada en la base de la *Concordia de Leuenberg* de 1973, en la que se equiparan con los luteranos alemanes y practican la llamada "intercomunión" entre ellos.

Entre la Alianza mundial de las iglesias reformadas y la Iglesia católica tiene lugar un diálogo oficial, que ha llegado ya a su cuarta fase: la primera (1970-1977) concluyó con la publicación de *Presencia de Cristo en la Iglesia y el mundo*; la segunda (1984-1989), con el informe *Una comprensión común de la Iglesia*; la tercera (1998-2005), con el documento *La Iglesia como comunidad de testimonio común del reino de Dios*; la cuarta (2011-2015) tiene como tema general *Justificación y sacramentalidad: la comunidad cristiana, agente de justicia*, y se ha prolongado hasta 2017.

Su *distribución* en el mundo puede verse en el siguiente cuadro, señalada en color azul:

3. La teología calvinista

"Calvino tuvo una personalidad polifacética y genial, escribió Lortz. La doctrina por él enseñada, aunque acuse la influencia de Lutero, es un producto original". Tenía además una cabeza *sistemática*, propia de quien ha sido formado en la ciencia jurídica; pero tenía también un corazón tierno y delicado. "Además –escribe Gómez Heras–, Calvino supo imprimir a su protestantismo un carácter más *universalista* que Lutero", del que proceden el dinamismo misionero de los calvinistas, su amor al riesgo y a la aventura, e incluso su talante ecuménico.

> Teólogos como Zwinglio, Bucero, Bullinger, Laski y Knox han aportado algo propio a la fe reformada, que toma diversa fisonomía en cada comunidad eclesial. Pero a partir de la *Confessio helvetica* (1536), van a estar unidos zwinglianos y calvinistas.

Con sus debidos matices, aparecen algunos *elementos comunes*, entre los que podemos destacar los siguientes, a modo de síntesis a partir de lo anteriormente expuesto:

a) En el ámbito reformado está vigente el principio *sola Escritura*, y tiende a la interpretación literal de la Biblia. Junto a ella, las profesiones de fe son testimonios situados en el tiempo en los que la comunidad reconoce sus creencias. Nos encontramos, pues, de nuevo ante una nueva tradición, un nuevo marco interpretativo, en el cual se lee la Escritura.

> La tradición reformada ha producido numerosas confesiones de fe, como la Declaración teológica de Barmen (1934), los *Fundamentos en perspectiva del credo* de la Iglesia reformada holandesa (1949) y la profesión de fe de la Iglesia unida presbiteriana de los Estados Unidos (1967).

> Estos textos no gozan de la autoridad que detentan los escritos confesionales del luteranismo, especialmente la *Confesión de Augsburgo* y los catecismos de Lutero. No hay, pues, ningún escrito confesional que sea vinculante para todas comunidades reformadas. El principio congregacionalista de la autonomía de cada comunidad prevé incluso el derecho de establecer los fundamentos de la propia fe.

b) Es nuclear el concepto de elección: la salvación humana no depende de la buena voluntad o propias disposiciones, sino tan solo en la fe: el que cree está *predestinado*.

> En Calvino se encuentra, sin embargo, –a diferencia de Lutero– una cierta *subordinación de la divinidad de Cristo*, con una cierta tendencia nestoriana, en la que Jesús sería una persona humana asumida por el Verbo. La enseñanza reformada clásica de la "doble predestinación" –a la salvación o a la condenación– tiene hoy escasa relevancia.

Pero igualmente los temas de *la fe y la santidad, la penitencia y la conversión* son todavía fundamentales en la teología reformada. El calvinismo está más pendiente que el luteranismo del concepto de santificación personal, que le lleva al cumplimiento de la ley y a la tarea de santificar el mundo.

c) Resulta fundamental también la realidad del *Dios vivo* que se revela en la Escritura. La Revelación soberana y gratuita de Dios en Jesucristo fue explicada de modo incisivo por el más importante teólogo reformado de la época moderna, Karl Barth.

El teólogo de Basilea muestra muy bien lo que significa el *soli Deo gloria*, pues al reformador suizo le interesaba solo la gloria de Dios, y no tanto la propia salvación, como resultaba en el caso de Lutero. Puede reconocerse esto en la enseñanza sobre la soberanía de Dios: Dios realiza en el mundo su voluntad de un solo modo, por la soberanía fundada en Jesucristo y ejercida por medio de él.

d) La "*teología de la alianza*" reformada desarrolla el pensamiento de la soberanía de Dios en la perspectiva de la historia de la salvación, y considera el antiguo y el nuevo testamento como una unidad: la "alianza de obras" y "de gracia" están ordenadas la una a la otra.

El valor del antiguo testamento en el cristianismo reformado encuentra aquí su fundamento. El compromiso del cristiano a la alianza establecida con Dios está en la base de la ética cristiana ("*ética de la alianza*"), como consecuencia de la soberanía de Dios en el mundo.

Desde esta perspectiva positiva, el cristianismo reformado encuentra fuerza para actuar en el mundo. En este sentido, es bien conocido el enfoque que le da como *ética del éxito* o de la prosperidad, así como la importancia que otorga a colaborar con el diezmo a la propia comunidad.

e) Los *sacramentos* –bautismo y cena– están unidos a la palabra, pues son signos y sellos de la predicación de la gracia. El bautismo no es necesario para la salvación, pero sí constituye un serio mandato de Cristo, por lo que a veces se retrasa para la edad adulta según la propuesta anabaptista. La doctrina sobre la cena –celebrada cuatro veces al año– se encuentra entre la doctrina de Lutero (presencia real) y Zwinglio (presencia simbólica).

Las formas de la doctrina clásica –la presencia espiritual de Calvino y la con-sustanciación de Lutero– se entienden como intentos de comprensión de la misma fe eucarística, por lo que ya no se ve como fuente de división. Por eso practican la intercomunión o la llamada "hospitalidad eucarística" entre ellos por la Concordia de Leuenberg. Si en la concepción luterana, la eucaristía *está* en el cuerpo de Cristo; en Calvino *actúa*; y en Zwinglio tano solo lo *significa*. La distinta comprensión de la eucaristía no supone una gran diferencia para ellos.

f) Frente a un cierto pesimismo antropológico propio del luteranismo, encontramos a un *optimismo* calvinista que entiende el mundo como tarea. En el calvinismo puede encontrarse una ética de la acción y del éxito, que le proporcionarán un gran éxito en su actividad misionera.

> No en vano, el sociólogo Max Weber (1864-1920) formuló la teoría de la ética calvinista como fundamento espiritual del espíritu *capitalista*, si bien esta teoría ha sido profundamente discutida. Si para Lutero la religión es algo fundamentalmente interior, en Calvino presentará una dimensión marcadamente social.

> Frente a un cierto quietismo luterano, encontramos con un *activismo calvinista* que propicia la estructura democrática: "el calvinista –afirma Algermissen– que actúa con éxito para gloria de Dios se siente como elegido, como predestinado". Este principio explicaría el desarrollo económico en países anglosajones, donde triunfó rápidamente el calvinismo. Aquí también existen diferencias con la visión católica, que procura combinar el éxito personal con el principio de solidaridad.

g) El ideal calvinista está caracterizado, por una parte, por la simplicidad y la *sobriedad* de las costumbres y conducta y, por otro, por un interés vivo por las cuestiones sociales y políticas, por la ciencia y el arte. La llamada "moral puritana", que tanto ha marcado –para bien y para mal– el desarrollo de algunos países como Estados Unidos.

La ética es vista como obediencia y realización de un ordenamiento eclesial unido al social y político. Como veíamos, h) Calvino propugnó la colaboración entre *la Iglesia y el Estado*: son dos poderes distintos pero subordinados a la soberanía de Dios, que deben colaborar para el bien de la misma y única sociedad humana.

> El dualismo luterano que distingue entre el poder secular y el espiritual es ajeno al pensamiento reformado. El poder temporal *casi se identifica* con el religioso.

4. La eclesiología y el ecumenismo

Según Calvino, *la Iglesia* es la comunidad invisible de los predestinados, se hace *visible* en su misión de guiar a todos. El reinado de Cristo debe manifestarse e imponerse por medio de los ministerios eclesiales, y por eso la estructura eclesiástica cobra una importancia decisiva.

La fe y la disciplina adquieren un carácter prioritario en la comunidad, y el Estado debe ayudar a la Iglesia. Esto constituye habitualmente *iglesias nacionales* o confesionales. Mientras en el luteranismo el poder temporal primaba sobre el espiritual, en el calvinismo será, por el contrario, hasta el punto de que a los disidentes en materia de religión se les ofrece el "privilegio" de poder emigrar.

De eclesiología trata casi la mitad de su *Institutio* de 1559 y, en relación con el *ministerio*, sostiene lo que entiende ser testimonio neotestamentario; esto es, un ministerio de cuatro niveles: pastores doctores, ancianos y diáconos. El ministerio episcopal no es, sin embargo, necesario para la Iglesia, de ahí los posteriores desarrollos "presbiterianos" opuestos a los "episcopalianos" o anglicanos.

Esta enseñanza de Calvino se ha llevado a cabo de maneras diversas en los ordenamientos eclesiales reformados y el número de ministros ha sido modificado, quedándose en *tres grados*, excluyendo el episcopado:

- a) el *párroco* o servidor de la Palabra,
- b) el *presbítero* (anciano o servidor de la Mesa)
- y c) el *diácono* o servidor de los pobres.

Estos tres ministerios guían la comunidad en el presbiterio o consejo eclesial; pero la única cabeza de la Iglesia sigue siendo Cristo. Sin embargo, la *eclesiología cristológico-pneumatológica* de los reformados reclama abandonar la estructura jerárquica, ya que los diversos ministerios se comprenden como elementos que se integran recíprocamente a partir del señorío de Cristo. No existe, por tanto, una jerarquía establecida en realidad.

Ningún ministerio está subordinado a los demás, y ninguna comunidad prevalece respecto a otras. Esto permite una *"eclesiología abierta"* y una estructuración más bien de tipo congregacionalista o presbítero-sinodal marcadamente participativa. No es este, sin embargo, un sistema de representación democrática de los fieles, sino expresión de la comunión espiritual de la comunidad fundada por Cristo en el Espíritu.

Los *sínodos*, que originariamente eran reuniones de los ministros para tratar de temas comunes, conceden un gran peso a los "laicos" –los no-teólogos– y los presbiterios locales de los *elders*. Estos no son meros consejeros sino que tienen los mismos derechos y deberes en el gobierno central o comunitario.

Con esta organización las comunidades reformadas han mantenido su identidad original y la independencia, especialmente donde –como en Holanda– *no existía un gobierno eclesial regional*. Han nacido como movimientos de oposición a la reglamentación estatal o a la mayoría confesional, como en Escocia, Francia, Inglaterra y la Baja Renania.

En realidad, *la fe* no ejerce una clara función unificadora. En relación con un magisterio vinculante, vale lo mismo que en las comunidades luteranas: los sínodos tienen un papel particular, y el carácter abierto de la eclesiología reformada ha provocado las primeras uniones del cristianismo reformado. Pero la doctrina no ejerce un papel vinculante definitiva entre las distintas comunidades.

La teología ecuménica reformada es sobre todo de tipo *federalista*, pues busca la unión entre las distintas comunidades separadas al unirse entre ellas. Así, las "iglesias unidas" (*unierte Kirchen*) en Alemania fueron las uniones promovidas por el Estado entre reformados y luteranos en el siglo XIX en territorios confesionales mixtos. Aquellas alianzas, nacidas con la oposición popular y separadas de las comunidades luteranas, son uniones administrativas que han alcanzado la intercomunión eucarística entre las distintas denominaciones protestantes.

Así, las iglesias reformadas en Europa dieron un paso esencial en la Concordia de Leuenberg de 1973, entre las que existe comunión doctrinal y eucarística. Por tanto, un calvinista puede comulgar en una comunidad luterana, y viceversa. El teólogo luterano Oscar Cullmann (1902-1999) propuso por el contrario la fórmula de la *"diversidad reconciliada"*, de gran aceptación en la actualidad en círculos ecuménicos. Esta propuesta promueve la unidad, sin comprometer la propia identidad.

El anglicanismo

Han pasado casi cinco siglos desde que Enrique VIII pretendió asegurarse la descendencia en la dinastía y rompió con Roma. Lo que comenzó siendo un *cisma*, ha recibido después importantes aportaciones del protestantismo, lo cual hace fluctuar la definición del anglicanismo. Desde entonces han surgido numerosas iniciativas eclesiales y evangelizadoras en su seno, las cuales dan lugar en gran parte al panorama actual del cristianismo en todo el mundo. En este ámbito se crean además el presbiterianismo, el metodismo y el evangel(ical)ismo, un mundo emergente en estos momentos, junto con los pentecostales. Queda, por tanto, la duda de si el anglicanismo constituye una rama del protestantismo, o supone una realidad cismática, con posterior influencia protestante. Todo dependerá, obviamente, a qué tipo de anglicanismo dirijamos nuestra mirada.

> Toda una constelación de realidades eclesiales que hemos de tener en cuenta, pues el mundo cristiano actual está también marcado por estos *orígenes anglosajones*. Ver la situación actual del Reino Unido puede ayudar a comprender también las perspectivas de futuro para todo el planeta.
>
> Desde un principio toda la historia de la Iglesia de Inglaterra ha *pivotado* entre sus orígenes católico-romanos, el anglicanismo autóctono y una marcada influencia del calvinismo, dependiendo sobre todo del monarca reinante. El pasado, el presente y el futuro se entretejen al ofrecernos un panorama actual.

1. Los orígenes históricos

Enrique VIII fue tan antiluterano como antirromano, en parte porque el clero inglés estaba cansado de la fiscalidad papal y, por la excesiva acumulación de riquezas por parte de las órdenes religiosas, poco a poco la nueva Iglesia fue ganando adeptos en tierras británicas. Dado el apoyo por parte del clero y del pueblo, el rey llegó a nombrarse jefe de la recién creada Iglesia de Inglaterra (1531). En efecto, haciendo caso omiso a las advertencias del papa Clemente VIII, el arzobispo de Canterbury anuló su primer matrimonio. A pesar de todo, los comienzos no fueron del todo contrarios a las enseñanzas católicas, de las que progresivamente se irá alejando después: el que había sido nombrado Defensor de la fe contra Lutero, redactó los *Seis artículos* en 1539, lejos de los principios protestantes.

> En concreto, recordaba la doctrina de la transustanciación, mantenía la comunión bajo una sola especie, prohibía la ruptura del celibato y de los votos religiosos, mientras mantenía la confesión auricular y las misas por los difuntos.

Su sucesor, *Eduardo VI*, introdujo la influencia calvinista venida del continente, de Suiza, Francia y Holanda. De hecho, el primer arzobispo de Canterbury, Thomas Cranmer (1489-1556), mantendrá relación epistolar con Calvino y Bucero. Es el momento de la minimización de la liturgia y de la supresión de las imágenes, así como de la redacción del *Common Book of Prayer* (1552), en el que se suprimen las referencias sacrificiales y se cambia la fórmula de ordenación. Se establecieron entonces como pilares fundamentales de la nueva Iglesia:

a) la *Biblia*,

b) los dos *sacramentos* del bautismo y la cena,

c) los *símbolos* de los primeros concilios y

d) la *estructura episcopal* que tenía al rey como cabeza.

> Mitra y corona, trono y altar, Iglesia y estado quedaban así unidos en la figura del rey de forma estrecha. Así, como en otras tierras del norte, las reformas vinieron desde la cúpula, mientras el pueblo se debatía entre seguir esta Iglesia oficial o mantenerse fieles a Roma en la clandestinidad, incluso bajo la pena de muerte. Las persecuciones también contra los católicos fueron numerosas. Estaba naciendo un nuevo Estado confesional, una nueva *Iglesia nacional*.

Con *María Tudor* (1516-1558), la hija legítima de Enrique VIII y Catalina de Aragón, tuvo lugar la restauración el retorno del catolicismo, con el reconocimiento del papa como cabeza de la Iglesia en Inglaterra. Sin embargo, bajo este periodo tuvo también lugar la represión de los protestantes, lo cual le hizo merecedora a la reina de la hostilidad del pueblo y del sobrenombre de *Bloody Mary*.

Condenada a la pena de muerte, resultó ser una época fugaz, tan solo un paréntesis católico que, por desgracia, proporcionó una buena justificación para perseguir a los católicos, quienes no van a ser permitidos –e incluso perseguidos– hasta dos siglos después.

Con el *reinado Isabel I* (1533-1603), a caballo entre el siglo XVI y XVII, tuvo lugar la constitución formal de la Iglesia anglicana y la consolidación de la Iglesia nacional. La reina quedará siempre como *supreme Governor*, también de la Iglesia. Es también la época de William Shakespeare (1564-1616) y el teatro isabelino. Se difundieron entonces las ideas protestantes, concretadas en la *Ley de uniformidad del culto* de 1559, que prohibía cualquier forma celebrativa distinta de la anglicana, y los *39 artículos de religión* de 1563, estos ya en mayor sintonía con la doctrina protestante. Estos debían ser obligatoriamente jurados por clérigos y profesores.

Aparecerá entonces un nuevo *Common Book of Prayer* (1563), aunque la enmienda de los errores anteriores con el cambio de fórmula de la ordenación no llegará hasta un siglo después, en 1662. La excomunión en 1570 por parte de Pío V dio lugar a una nueva incomprensión y persecución contra los católicos. Hasta 1829 estos no obtendrán carta de ciudadanía en los dominios británicos.

En el siglo XVII, con el calvinista Oliver Cromwell (1599-1658) a la cabeza, aconteció una nueva persecución no solo contra los mismos anglicanos sino también contra los católicos. Con Jacobo I y II se aumentó la *influencia calvinista,* mientras con Carlos II se volvía al anglicanismo más antiguo. La ley del péndulo seguía imperando en los designios religiosos de la isla, oscilando desde un catolicismo originaria hacia un anglicanismo y un calvinismo posteriores.

2. La situación actual

Toda esta amalgama de situaciones y tendencias nos hace pensar en un panorama variopinto y en continua evolución. El número de cristianos en el *Reino unido* alcanza los 41 millones, constituyendo así el 72% de la población total. De ellos tan solo 12 son católicos, en una *Iglesia católica* compuesta todavía por inmigrantes en su mayor parte. Sin embargo, el renacimiento de la cultura católica en tiempos recientes –con figuras como Newman, Chesterton, Knox o Tolkien– ha proporcionado un nuevo rostro a la Iglesia católica en el Reino Unido.

La inicial situación de inferioridad institucional resulta evidente, pero presenta también ahora *un futuro y una esperanza,* al encontrarse católicos entre todas las clases sociales. La inmigración ha cambiado también los números en la Iglesia católica y en las demás iglesias presentes en la isla.

Los procedentes del anglicanismo no son infrecuentes, tanto de los ordinariatos personales –todavía con escasos de laicos– como de *incorporaciones* personales a la plena comunión con la Iglesia de Roma. No constituyen grandes números, pero sí un continuo flujo que a veces supone parroquias enteras.

La creación de los *ordinariatos personales* para anglicanos, a partir de 2009, por parte de Benedicto XVI creó un inicial malestar entre los anglicanos. Roma tan solo abrió sus puertas cuando hubo un grupo de anglicanos que no se reconocían en su propia Iglesia. La misma Iglesia de Inglaterra había creado antes obispos ambulantes para aquellos fieles que no compartían esta nueva eclesiología, en la que las mujeres ordenadas ocupaban un lugar importante. Las aproximaciones por ambas partes parecen inevitables en un panorama eclesial y social algo confuso.

Según las estadísticas, la asistencia dominical es más alta en la Iglesia católica que en la anglicana, si bien en ambos casos apenas supera el millón (el número de anglicanos es de 26 millones). En 2017 entraron 27 nuevos seminaristas católicos en todo el país.

La canonización en Roma del muy inglés *John Henry Newman* en 2019, venerado tanto por anglicanos como por católicos, podría propiciar un nuevo acercamiento entre ambas confesiones y un renacimiento de la Iglesia en el Reino Unido. Su nombramiento como Doctor de la Iglesia en 2025 ha engrandecido todavía más su figura.

A la inicial Iglesia de Inglaterra siguió después una *Comunión anglicana*, fruto paralelo a la globalización y la *Commonwealth*. Ahora mismo hay muchos más anglicanos fuera de las islas británicas que en ellas. El anglicanismo se convirtió en un fenómeno mundial con 85 millones de fieles en 160 países de todo el mundo, tal como figura en el mapa de abajo.

Con motivo del nombramiento de Sarah Mullally como la primera arzobispa de Canterbury, la *Conferencia Global del Futuro Anglicano* (GAFCON, con 48-60 millones de fieles), declaró a mediados de octubre de 2025 que rompían rompían con la Iglesia de Inglaterra.

La secularización ha llegado también a estas comunidades, que en la actualidad se nutren sobre todo de inmigrantes, por lo que la Comunión anglicana se difunde sobre todo en el *Global South*. Todo esto está cambiando el rostro de estas comunidades, incluso con obispos venidos de todo el mundo.

Además, queda todavía pendiente todo el debate interno sobre el papel del Estado en la estructura eclesial (por ejemplo, de la figura del monarca). Si la unidad entre Iglesia y Estado ha sido la fortaleza de la Iglesia anglicana, ahora se convierte en parte en su debilidad.

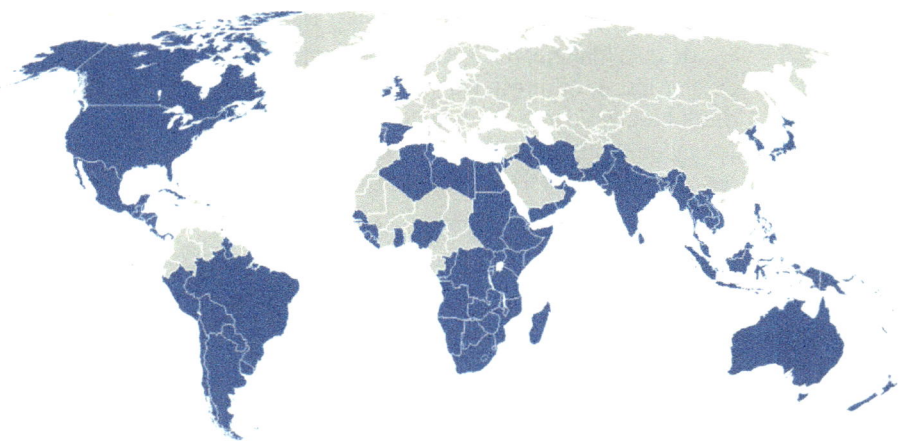

3. La teología anglicana

La versión formulada por la reforma inglesa presenta sus *características propias*. En primer lugar, el realismo y el empirismo, propios del temperamento británico. Lo que caracteriza a la doctrina anglicana es la *comprehensiveness*, capaz de compatibilizar distintas teologías, incluso contradictorias. Este sentido práctico y conciliador los lleva a mantener, por un lado, el culto y la jerarquía propiamente católicos, a la vez que el mencionado protestantismo moderado.

a) Una de las realidades irrenunciables será una *Iglesia de carácter nacional*, unida a la administración política, donde se encuentran unidos trono y altar.

> Todavía mantiene la disposición de que tanto el rey, su heredero como el lord canciller deben ser anglicanos. Por otra parte, conservan aparentemente la *estructura episcopal*, a pesar de las vicisitudes históricas y sacramentales del episcopado en esta confesión, que llevaron a León XIII a negar la sucesión apostólica en esas latitudes.
>
> Aunque mantiene elementos visibles de la sucesión apostólica, sin embargo, hay un *defecto de forma* en la fórmula de ordenación, así como la evidente falta de comunión con el papa y los obispos.

b) En segundo lugar, tenemos un *calvinismo moderado,* en una reforma que en realidad es más política que teológica.

> Por ejemplo, muy pocos se plantean seriamente el problema de la *predestinación.* Tienen como norma de fe la Escritura, los Padres y los primeros concilios, por lo que la doctrina luterana de la "sola Escritura" queda ampliamente matizada, si bien resultan inevitables las oscilaciones en una y otra dirección.

> De esta manera, nos encontramos ante una unidad entre religión y vida social, a pesar de presentarse siempre como una *via media* entre Roma, Wittenberg y Ginebra. En definitiva, lo que podríamos llamar los elementos de unidad en un principio serían la Biblia, el *Libro de la oración común,* el episcopado y la corona, en mayor o menor medida, según los casos.

A partir del siglo XVIII, c) el anglicanismo pasó del ámbito nacional al *internacional:* son los momentos de la expansión por todas las colonias del imperio británico, donde desarrollaron entonces una intensa y meritoria labor misionera. En América es creada la Sociedad para la propagación del evangelio en 1701.

> En estas tierras se dividirá todavía más la tendencia entre los episcopalianos, partidarios de la sucesión histórica del episcopado, y los presbiterianos de origen calvinista, en cuyas comunidades gobiernan los *elders* o presbíteros y renuncian a toda autoridad episcopal.

> En esa época empiezan también los *movimientos renovadores,* que darán lugar a realidades conocidas como los baptistas, los cuáqueros (que destacan el aspecto individual y subjetivo de la fe) y el metodismo, que promueven el sentido de pertenencia a una determinada comunidad.

> El *evangelicalismo* propuso la Biblia, Cristo y la cruz como el centro y la única instancia de la vida cristiana. Mientras tanto, como veremos, el *Movimiento de Oxford* reivindicaba a la Iglesia antigua. Pero todo esto merece ser visto un poco más despacio.

La Conferencia de Lambeth de 1888 cobró especial relevancia doctrinal por un célebre documento conocido como d) el *Cuadrilátero de Lambeth,* en el que se enunciaron los cuatro pilares en que se apoya la Comunión anglicana:

a) la *Escritura,* considerada "elenco de lo necesario para la salvación" y, por tanto, norma y regla de fe;

b) el *credo de los apóstoles,* símbolo bautismal por excelencia y compendio auténtico de la fe;

c) el *bautismo y la eucaristía*, que serían los dos únicos sacramentos queridos por el mismo Cristo;

d) el *episcopado histórico*, afirmado como elemento esencial de la Iglesia.

La cuestión del *historic episcopate* se ha convertido en crucial para el diálogo ecuménico, en especial desde finales del siglo XIX, tras el rechazo, por parte católica, de la validez de las ordenaciones anglicanas.

4. El diálogo ecuménico

A finales del siglo XIX fue fundada la Comunión anglicana como una "fraternidad de iglesias descentralizadas", una familia de comunidades eclesiales en todo el mundo. El único vínculo sería el reconocimiento del arzobispo de Canterbury como *primus inter pares* y la asistencia periódica a la Conferencia de Lambeth como un síncdo máximo con carácter consultivo, sin competencias –por tanto– doctrinales o disciplinares.

La inicial *Iglesia de Inglaterra* estaba compuesta por la Iglesia de Inglaterra, Gales, Escocia e Irlanda; la Iglesia de Canadá, Australia y Nueva Zelanda; la Iglesia protestante-episcopal de Estados Unidos y las iglesias establecidas y diócesis misioneras en las antiguas colonias inglesas.

La variedad interna dentro de él ha sido una constante en su historia, de modo que se debate entre una *High Church* partidaria de la *via media* entre Roma y Ginebra, y una *Low Church* con una inevitable tendencia al protestantismo. Incluso se habla de una *Broad Church*, creada en época de la Ilustración.

Desde la negativa por parte de León XIII a reconocer la *sucesión apostólica* en los anglicanos (1896), con la bula *Apostolicae curae* su misma realidad interna ha confirmado este veredicto. El ministerio eclesial en estas comunidades eclesiales no sería idéntico al sacerdocio presente en las iglesias católica y ortodoxas. Lo que supuso en un principio un enfriamiento de las esperanzas ecuménicas supone ahora un hecho incontrovertible.

Las divisiones culturales y teológicas entre estas distintas circunscripciones son de sobra conocidas, hasta el punto de que se ha habla con frecuencia de un posible cisma o de una *alianza* con los metodistas.

No supondría una gran novedad, pues mantiene una total intercomunión con los veterocatólicos desde el *Bonn Agreement* (1931), cuyos obispos participan en las ordenaciones episcopales anglicanas, mientras en 1992 los anglicanos se unieron con los luteranos nórdicos y bálticos en la Conferencia de Porvoo.

La Iglesia anglicana siempre se ha movido dentro de la *comprehensiveness*, con un espíritu que algunos consideran ecléctico. Alberga en sí tanto un liturgismo, que recuerda a tiempos pasados, con un espíritu evangélico donde predominan los testimonios y la música con alto voltaje emocional. Podemos ver un cierto tradicionalismo conviviendo con un espíritu liberal, donde incluso no siempre aparece clara y explícita la divinidad del mismo Jesucristo.

Los *diálogos bilaterales* entre anglicanos y católico-romanos (ARCIC I, II y III) han estado abordando estos temas desde el punto de vista teológico, especialmente en lo que se refiere a los sacramentos, el ministerio y la eclesiología. La Iglesia católica hizo notar las dificultades teológicas al constatar las distintas concepciones en estos temas.

El documento *María, gracia y esperanza de los cristianos* (2004), relacionado también con el sacerdocio de la mujer, supuso a su vez el inicio de una nueva época en las conversaciones, si bien no es reconocido por todos los anglicanos. En la actualidad, los estudios van por la línea metodológica, sobre todo acerca de la interpretación de la Escritura.

Los *debates internos* en torno al sacerdocio de la mujer y el lugar de los homosexuales activos en la jerarquía (incluyendo la bendición de las parejas de este tipo) constituyen una de sus actuales señas de identidad.

La "tercera reforma"

Hemos visto las principales corrientes surgidas tras la reforma: el luteranismo, el calvinismo y el anglicanismo, junto con sus posteriores ramificaciones. De la combinación de las ideas procedentes, surgirá lo que llamamos la "tercera reforma", compuesta por las *iglesias libres* y otros nuevos movimientos religiosos de origen protestante. Las iglesias libres son aquellas que nacieron de las históricas o institucionales en Europa, y dirigieron sus pasos hacia los "nuevos mundos". No es fácil precisar una identidad común de estas comunidades, pues no existe una definición exacta de ella. La expresión misma es de aparición tardía, sobre todo a partir del siglo XVI. Además, "iglesias libres" no tiene un sentido teológico sino sociológico. En este sentido, el concilio Vaticano II habla más bien de "comunidades eclesiales" surgidas a partir de la reforma protestante, pues no pueden ser consideradas todavía verdaderas "iglesias", como aquellas de origen cismático que conservan la sucesión apostólica (cf. UR III).

> Por la doctrina del *defectus ordinis* (UR 22), no se reconoce en estas comunidades la sucesión apostólica y, con ella, el sacerdocio y la mayoría de los sacramentos, especialmente la eucaristía. Conservan, eso sí, *el bautismo y la palabra de Dios*, que son los primeros elementos de santidad y eclesialidad. Son, por tanto, comunidades cristianas que responden a unas características generales, pero con gran diversidad entre ellas.

> Las iglesias libres constituyen un *tipo especial de comunidad eclesial*, fundada en el bautismo –muchas veces de adultos–, y se sienten herederas de los principios de la reforma, especialmente el de *sola Scriptura*. Pero cada una de ellas ha surgido por una determinada situación histórica –de un pastor o un fundador– o, con frecuencia, una separación o una expulsión. Por tanto, muchas veces son de tendencia anabaptista, es decir, que no admiten el bautismo de niños.

1. Los siglos XVI-XVIII

A partir de los siglos XVI y XVII, con ocasión de las controversias religiosas ingle-sas contra la Iglesia anglicana, emergieron comunidades "independientes": las ac-tuales "comunidades evangélicas libres", propias del congregacionalismo (del formar comunidades desde la base), se sienten herederas del movimiento del "despertar" (*awakening*) del siglo XIX. Dieron lugar,

a) en primer lugar, a *comunidades pietistas*, sobre todo en Alemania, donde se enfatiza lo personal frente a lo litúrgico y comunitario.

> Con fuertes *convicciones morales* y con fieles que se separaban de todo lo que contrasta con lo divino, repudiaban lo secular y, por tanto, también de la Iglesia histórica o institucional, que consideraban "muerta" y "secularizada". Partían del principio de que la comunidad cristiana nace allí donde los discípulos de Jesús se encuentran unidos en la obediencia a su Palabra, bajo la guía del Espíritu.

b) Los menonitas o *amish* toman el nombre de un sacerdote católico holandés, Menno Simons (ca. 1496-1561). Son pacifistas y, en ocasiones, contrarios al progreso técnico, sin ni siquiera usar la electricidad o el motor de explosión.

> Se diferencian de otros protestantes en la *praxis bautismal*: solo bau-tizan adultos entre los 14 y 17 años que, tras una preparación adecuada, hacen una profesión de fe y expresan la voluntad de convertirse al segui-miento de Cristo. El bautismo es administrado con agua en el nombre de la Trinidad, y considerado válido por la Iglesia católica, sea por inmersión que por infusión. Los menonitas reconocen el bautismo de un niño bau-tizado cuando se convierte después con una decisión libre y consciente, de modo que no hay un segundo bautismo en la comunidad, salvo ex-cepciones.

c) La corriente *baptista* surgió de la radicalización de la reforma de Zwinglio en el siglo XVII, aunque también en contraste con él. Hay además un trasfondo calvinista en su doctrina y un acentuado énfasis en la libertad de conciencia, al rechazar los conceptos de Iglesia, dogma, liturgia y sacerdocio.

> En lo eclesiológico, reina la más absoluta *democracia eclesiástica*. Cada comunidad es autónoma y puede tomar sus decisiones de modo independiente; su relación con otras es en términos de una "alianza", a la que se asocian libremente. Esta confesión surge pues de la agrupación de comunidades.

Es necesaria una experiencia de salvación –de conversión– antes de recibir el bautismo. Son los *reborn christians*. La actividad *evangelizadora* es un rasgo irrenunciable de estas comunidades, que buscan acercar a los alejados del evangelio: su objetivo es despertar en las personas el seguimiento de Cristo y la comunión con Dios.

George Fox (1624-1691), fundador de d) los *cuáqueros*, contempló el tiempo turbulento de luchas de poder en Inglaterra entre católicos, anglicanos y puritanos. En su búsqueda personal de Dios ninguna de ellas logró mostrarle un camino claro. En 1647, entre los "temblores" (inglés: *to quake*) interiores de una iluminación interior, llegó a la convicción de que cada uno lleva en sí mismo la respuesta a la pregunta por Dios: en cada uno hay algo divino y se encuentra en el silencio.

Allí habla Dios. Por tanto, se trata de alcanzar una "luz interior" que quita los pecados y une a cada uno con Cristo. En esto somos todos iguales, y este sentimiento de *igualdad* era fundamental para los cuáqueros. Con sus seguidores, Fox llevó una vida ascética, orientada al prójimo. Rechazaba prestar juramento y pagar impuestos eclesiásticos; optó por la no violencia y predicó su mensaje por toda Inglaterra, donde fue perseguido.

Todavía en este tiempo de dificultades, el cuáquero William Penn (1644-1718) obtuvo la concesión de fundar una colonia inglesa en Nueva Jersey, donde fundó el Estado de Pennsylvania en 1681, como realización política de la religiosidad cuáquera, que luchó incansablemente contra la esclavitud.

Los cuáqueros se entienden a sí mismos como parte de la Iglesia de Jesucristo, no obstante ser una *"religión sin dogma"*. La revelación de Dios no es un acontecimiento perdido en el pasado, sino que puede brotar en cualquier momento en el corazón de quien busca sinceramente a Dios.

La liturgia es sobre todo reuniones para la *"oración silenciosa"*, en lugares sencillos sin cruces ni objetos religiosos; no admiten sacramentos (ni el bautismo ni la cena), ni días festivos, ni acciones solemnes. Este cuerpo doctrinal y celebrativo tan mínimo contrasta con las exigencias éticas, basadas en el descubrimiento del mensaje de Dios en cada persona.

e) El *metodismo* es el movimiento iniciado por John Wesley (1703-1791), párroco anglicano, profesor universitario y uno de los más afamados predicadores de su tiempo: "Su modo de predicar –escribe Algermissen– era sencillo y popular, pero penetrante". Realizó una gran labor misionera, también ayudado por laicos; su objetivo no era fundar una nueva Iglesia, sino la renovación de la vida religiosa y ante todo del ambiente estudiantil en el que desarrollaba su actividad.

Por la *regularidad* de sus reuniones, obras de caridad y prácticas de piedad, recibieron en Oxford el nombre irónico de "metodistas". En los años 1735-1737 Wesley trabajó en Estados Unidos como párroco anglicano. Allí conoció a colonos alemanes formados en el pietismo: de ellos tomó el principio de la "sola fe" y la necesidad de la penitencia.

Tras su regreso a Londres en 1738, Wesley experimentó una nueva conciencia de fe. Las nociones de "entusiasmo" y *conversión personal* ocupan un lugar central en su praxis. Por eso será una denominación con grandes predicadores. La doctrina varía ligeramente respecto a sus orígenes. En la Biblia los metodistas no reconocen los libros deuterocanónicos, sino solo aquellos que se utilizaron originariamente en la liturgia (protocanónicos), confiesan la universalidad del pecado y de la corrupción de la naturaleza humana.

Existe una cierta primacía de la *palabra de Dios* sobre los sacramentos del bautismo y la cena. A diferencia del pietismo, el metodismo se lanzó a la conversión de las masas: la cura de almas y una intensa vida comunitaria ocupan el centro de su actividad evangelizadora. Las mujeres y los hombres que participaban en ellas, habitualmente de clase trabajadora y modesta extracción social y, oraban libremente durante las reuniones, confesaban recíprocamente sus pecados, y se ofrecían apoyo mutuo para llevar una vida santa.

2. Los siglos XIX-XX

En el seno de la Iglesia anglicana, tuvo lugar a) el llamado *"despertar evangélico"*, el cual salía al encuentro de la necesidad de un pueblo abandonado: un cierto número de clérigos había experimentado en primera persona la conversión, y ardían en celo de despertar espiritualmente al pueblo. Emergían en primer plano los acentos típicamente protestantes de la salvación por la fe, la centralidad de la Biblia y su predicación.

Era esta una corriente típica de la *Low Church*, dotada con una clara vocación social y bendecida por su especial difusión en las masas obreras. Este movimiento presenta, pues, un carácter predominantemente práctico-pastoral: con una predicación fundamentalmente bíblica, proclaman la conversión y la salvación.

Los primeros *misioneros* evangélicos recorrieron el país como predicadores itinerantes, pero advirtieron el peligro de dañar el sistema de parroquias y el orden eclesial, por lo que fueron marginados y expulsados de las instituciones anglicanas.

En ocasiones han sido calificadas como *"iglesias de laicos"*, porque en ellas no existe diferencia entre ordenados y no ordenados, o por lo menos es bastante menor que en otras comunidades. En ellas el Espíritu llama a todo cristiano al sacerdocio, sin diferenciar entre el bautismal y el ministerial; no hay ministerios especiales en la comunidad, sino simplemente diversidad de funciones carismáticas. No quieren ser "iglesias de pastores", aunque exista el oficio de predicador o de pastor. Practican el bautismo por inmersión.

Estas comunidades tienen propios poderes y una *total autonomía*, no solo independientes del poder secular, sino también de obispos y sínodos. Se agrupan a nivel mundial en la Alianza internacional de comunidades evangélicas libres.

La estructura es de tipo *congregacionalista*, y la Alianza se comprende como una "comunión espiritual de vida y de servicio entre las comunidades independientes". En cuanto a la doctrina, se acercan a los postulados de la reforma calvinista, con influjos pietistas y baptistas.

En estas comunidades evangélicas, no existe el concepto de sacramento, aunque celebran el bautismo y la santa cena. Rechazan el *bautismo* de niños, pues, según la Escritura, debe estar precedido por la conversión. Los adultos, y solo ellos, son bautizados en el nombre de la Trinidad por inmersión; dejan a la conciencia de cada uno si, cuando quieren ingresar en la comunidad, debe o no re-bautizarse.

La *cena* del Señor se celebra habitualmente una vez al mes, de modo independiente o integrada en la liturgia habitual, celebrada también por un laico. Es entendida como "banquete de comunión", que une a los fieles con Cristo y, entre ellos, como "convite de esperanza", en la espera del regreso del Señor que ascendió al Padre.

Las iglesias cristianas de b) los *adventistas* del séptimo día surgen en el siglo XIX, en un clima de viva conciencia del regreso de Cristo en la gloria, que se había extendido en numerosas iglesias libres. En el nombre mismo de "adventistas" se subraya la espera del advenimiento de Cristo, y la santificación del sábado –el séptimo día– y no del domingo.

Fue fundada por William Miller (1742-1849), quien estableció de modo exclusivamente personal *teorías escatológicas* sobre la segunda venida de Cristo. Su origen se remite a su vez a Ellen G. White (1827-1915) y otros predicadores, a quienes se les considera profetas del fin del mundo, poseedores del don de la predicción (concretamente, pensaba una fecha la de 1844). Al no cumplirse esta predicción del fin del mundo, llegó a la conclusión de que toda la Iglesia debía estar siempre vigilante a la espera del regreso del Señor, como centro de la Biblia, que relativiza toda tradición eclesial histórica.

Confiesan la primacía de la Biblia y la doctrina de la *sola fides*, a la vez que se rechaza la doctrina calvinista de la predestinación. Los adventistas surgen como comunidad en 1863, y no constituyen una doctrina extra-bíblica, ni contradicen la fe trinitaria del nuevo testamento; tampoco tienen una pretensión de exclusivismo, e incluso han entrado en diálogo con otras iglesias.

Insisten en los diez mandamientos, la santificación del sábado, la importancia de los diezmos, y la espera de la inminente llegada de Cristo. No admiten el bautismo de niños y se celebra por inmersión; reciben la comunión en la cena cuatro veces al año. Prestan especial atención a una vida corporal saludable mediante una disciplina ordenada de la vida. Defienden la libertad religiosa y la separación entre Iglesia y Estado, como Iglesia libre que es.

La insistencia en el "despertar" espiritual y la conversión, y la aspiración a una vida cristiana más alta en la santificación hicieron surgir a c) los *pentecostales* en Los Ángeles en 1910, quienes buscaban una experiencia plena del evangelio. Los cristianos son llevados a una vida santa en el testimonio y el servicio movidos por el Espíritu.

Esta efusión, como en Pentecostés en Jerusalén, se convierte en el llamado *"bautismo del Espíritu"*, con dones como la glosolalia y "sanación" física y mental. Las primeras experiencias pentecostales tuvieron lugar sobre todo en comunidades afroamericanas, donde surgió un "movimiento de los que hablan en lenguas", que pasó a Europa y a todo el mundo. Hay relaciones internacionales entre ellos, aunque rechazan una estructura mundial, si bien existe la Conferencia pentecostal mundial.

La doctrina que suelen sostener es que el proceso de salvación sucede en *tres pasos*: conversión, santificación y bautismo en el Espíritu. La Escritura es la base de la fe, que se abre a la interpretación mediante el Espíritu. Cristo ha obrado la justificación y el perdón, pero redime y santifica mediante el Espíritu.

Todo es obra del Espíritu: la conversión, el renacimiento y el crecimiento en la vida cristiana. El *bautismo* se practica solo a adultos por inmersión y en nombre de la Trinidad. Sobre la necesidad de un segundo bautismo, decide el propio interesado que aspira a entrar en la comunidad y fue antes bautizado en otra. En algunas comunidades, sin embargo, se rebautiza habitualmente.

Ven en la *Biblia* un libro sagrado, cuyos escritores fueron inspirados por el Espíritu, que contiene la palabra de Dios y, por tanto, su incondicional regla de fe y conducta. Al igual que las demás comunidades protestantes, creen en el pecado original y, en particular, en las figuras de Satanás, Adán y Eva; así como en la posibilidad de santificación del ser humano, por medio de la práctica religiosa y la fe.

Los pentecostales se consideran parte de la "*Iglesia de Cristo*", sin tener grandes desavenencias con iglesias históricas como presbiterianas o bautistas; algunos pentecostales, no obstante, están contra el ecumenismo.

La *liturgia* pentecostal varía en cada comunidad, organización o corriente pentecostal; pero su principal actividad consiste en la lectura tanto del antiguo y el nuevo testamento. Durante las ceremonias se suelen interpretar himnos y otros cantos de alabanza de variados estilos, acompañados de música, aplausos, coros, bailes y exclamaciones de júbilo. Además de promover un cierto rigorismo ético, priman las experiencias sobrenaturales sobre lo cotidiano, el éxtasis sobre la ascesis cotidiana.

3. La situación actual

El protestantismo en general presenta a) un cierto tono *individualista*. Es un cristianismo que carece de dogmas y estructuras: cada fiel, en cuanto miembro de Cristo, recibe directamente las inspiraciones del Espíritu y puede tener una serie de experiencias místicas, que antes estaban reservadas para unos pocos.

Las comunidades y sus pastores suelen organizarse según el estilo congregacionalista y, en la actualidad, constituye desde el punto de vista numérico el tercer grupo de cristianos –después de las iglesias católica y ortodoxa– con unos 300 millones de fieles.

"En realidad, concluye Algermissen como síntesis, la historia del protestantismo ha sido hasta ahora la historia de [b] una *progresiva escisión*, a la que no ha puesto fin ni siquiera la intensa y delicada labor del ecumenismo en los próximos años".

Empezando por las *divisiones* que se dieron ya en tiempos de Lutero, desde los posteriores desarrollos doctrinales de Melanchton la muerte del reformador alemán hasta los distintos reformadores, incluidas las escisiones del anglicanismo también tras el "despertar" del siglo XIX: Zwinglio y Calvino, Karlstadt, Müntzer y los anabaptistas, Bucero y Ecolampadio, pietistas y metodistas, baptistas y cuáqueros, evangélicos y pentecostales...

El protestantismo ha estado dirigido por pastores, teólogos y personalidades religiosas geniales, las cuales han dejado su profunda huella en los propios desarrollos continuados a lo largo del tiempo. La reforma ha sido, así, d) continuamente *reformada y refundada*, y ha estado marcada desde el principio por habituales disputas teológicas.

Las sucesivas divisiones (primero en las iglesias históricas o nacionales, y después en las iglesias libres o comunidades evangélicas o pentecostales), así como reunificaciones y alianzas, han dejado un mapa de la situación difícil de seguir y orientarse. El resultado final podría ser, pues, el que se puede ver en el siguiente *árbol genealógico* de las distintas denominaciones protestantes:

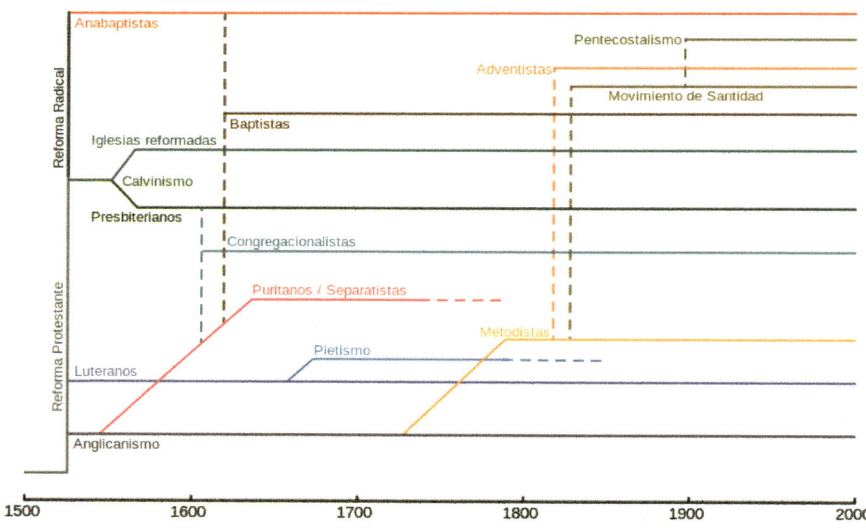

El resultado en la actualidad, también desde el punto de vista numérico, cabe representarlo de la siguiente manera, aunque las cifras tienen un carácter aproximativo, dada la dispersión de denominaciones.

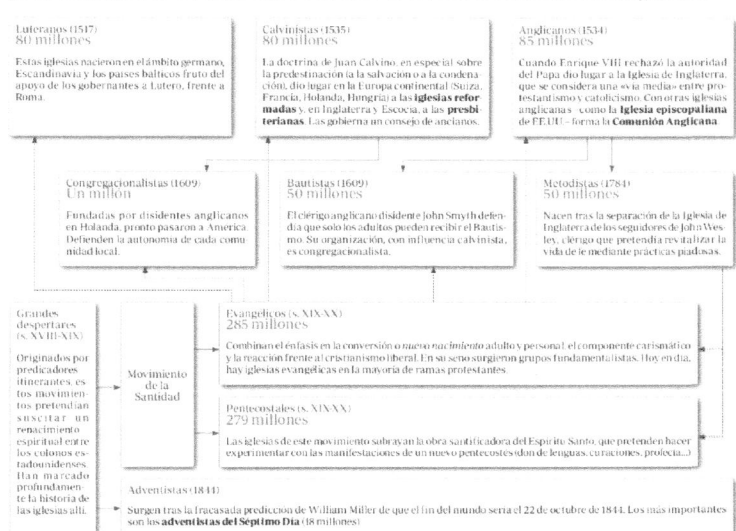

¿Y tú de quién eres? Herederos de las reformas cismáticas del siglo XVI

Como vemos, hay una *guerra de cifras*, especialmente entre evangélicos y pentecostales, por lo que resulta difícil conocerlas con exactitud. En cuanto al número de creyentes, el resultado actual vendría a ser más o menos el siguiente, dada la gran fluidez y mutabilidad de los fieles de estas iglesias libres y comunidades evangélicas y sin perder de vista que estas cifras incluyen también realidades no cristianas, tales como mormones y testigos de Jehová. A su vez, la distribución geográfica del protestantismo puede verse en el siguiente mapa, con mayor o menor densidad dependiendo del número de creyentes:

4. La doctrina protestante

Tras las evoluciones teológicas posteriores al luteranismo, intentemos ahora sintetizar y extraer un factor común al captar cuáles son las principales características de la doctrina protestante en general. "Un solo Señor, una sola fe, un solo bautismo" (Ef 4, 5), exclama san Pablo: los católicos y los protestantes tenemos la misma fe en la Trinidad y en Jesucristo como Hijo de Dios, hemos recibido el mismo bautismo y meditamos y predicamos la misma palabra de Dios. Existen, sin embargo, ciertas *diferencias doctrinales* que exponemos ahora, aun a riesgo de incurrir en simplificaciones:

1. La *Biblia* de los católicos tiene 73 libros mientras que la de los protestantes 66 (no aceptan por ejemplo los deuterocanónicos, como Macabeos, Tobías, Judith, Qoelet o Sabiduría, Sirácides o Eclesiástico, Baruc). Tienen por tanto un canon bíblico distinto al establecido en Trento, y creen además que solo la Biblia es fuente de la Revelación de Dios a la humanidad, por la doctrina de la *sola Scriptura.*

   > También la enseñanza del *"libre examen"* de las Escrituras, surgida en la Ilustración, excluye la lectura de toda la Iglesia como criterio interpretativo. Es una interpretación más solitaria que solidaria. No será una lectura coral sino individual.

   > Los católicos encuentran la Revelación no solo en la Escritura, sino también en la tradición y en el magisterio, leídos todos ellos de modo armónico. Sin embargo, hay también protestantes que sostienen que *sola Scriptura numquam sola,* con lo que se está afirmando la dimensión eclesial de las lecturas de la Escritura.

2. Los católicos aceptan –junto con la Palabra y la predicación– siete *sacramentos*, mientras Lutero solo reconocía dos o tres: el bautismo, la cena y, a veces, la penitencia. Los demás serían tan solo signos de bendición con tan solo un cierto simbolismo.

   > La *dimensión sacrificial* de la eucaristía es negada tanto en el sacerdocio como en la eucaristía, así como la *presencia sustancial* de Cristo en las especies eucarísticas después de la celebración. No hay, por tanto, reserva ni culto eucarísticos, en principio. Este sacramento no parece tener la importancia que presenta entre católicos y ortodoxos.

   > En definitiva, en general parece claro que los protestantes tienden a dar una mayor importancia a *la Palabra y a la predicación* como medios para obtener la gracia, que a la liturgia y la celebración de los sacramentos.

3. En la idea de *Iglesia* existen también diferencias: mientras los católicos creemos que Jesucristo fundó la Iglesia para continuar la salvación que Él nos trajo, los protestantes tienden a desconfiar de cualquier mediación. La sacramentalidad de la Iglesia suele ser, por tanto, problemática para ellos. Suelen decir: "Cristo sí, Iglesia no" (doctrina del "solo Cristo"), mientras los católicos repiten: "Cristo sí, Iglesia también".

> Los padres de la Iglesia manifestaban de forma poética que, si Cristo es el sol, la Iglesia es la luna que refleja la luz del sol. Es la doctrina de la Iglesia entendida como *cuerpo de Cristo*, formado por su Cabeza y sus miembros.

> La Iglesia es más bien entendida, entre los protestantes, como *sponsa Verbi* o *communio sanctorum*, que como cuerpo de Cristo. Tienen una concepción más logocéntrica que sacramental.

> Así, la doctrina de la Iglesia como *"esposa de Cristo"* ha sido bien recibida entre ellos, pues respeta al mismo tiempo la unidad y la alteridad entre ambos. Por tanto, mantienen en general una cierta distancia con la concepción sacramental, apostólica y universal de la Iglesia.

4. Sobre la *autoridad* en la Iglesia existen también divergencias. Los católicos ven un sacramento en el orden sacerdotal, mientras los protestantes lo entienden solo como un mero servicio a la comunidad, con un carácter más funcional que ontológico-sacramental. Mientras reconocen la predicación y los sacramentos como elementos de unidad, no ocurre así con el ministerio.

> Tampoco *el papa y los obispos* –como sucesores de Pedro y los demás apóstoles– son entendidos como una mediación necesaria para llegar a Dios (tal vez por esto los protestantes tienden a la dispersión doctrinal e institucional).

> Los protestantes entienden la sucesión apostólica solo como la transmisión de la fe predicada por los apóstoles. Para la Iglesia católica, la idea de *"sucesión apostólica"* –transmitida también por el sacramento del orden– tiene una gran importancia para llegar del modo más efectivo posible la doctrina y la gracia que Jesucristo nos ha dispensado. Así, la doctrina del *defectus ordinis* alcanza la totalidad de los protestantes, por distintos motivos (cfr. UR 22).

5. Mientras los católicos veneran a *María y a los santos*, los protestantes rechazan tal intercesión: *solus Deus, solus Christus*, repiten. En ellos suele darse un severo cristocentrismo.

Confiesan a *María* como madre del Redentor, virgen antes y después del parto; pero rechazan los dogmas de la asunción y de la inmaculada concepción. Tampoco le profesan una especial devoción. No rezan, por ejemplo, el rosario u otras oraciones marianas.

Algunos de ellos tienden también a rechazar las *imágenes* como representaciones que nos ayudan a dirigirnos a Dios. A pesar de que reconocen la preeminencia de los santos, de ahí no se sigue –según su propia comprensión– que deban ser venerados.

6. Existen de igual manera diferencias sobre la existencia del *purgatorio*: mientras los católicos lo ven como un estado de purificación previo a la bienaventuranza eterna, los protestantes piensan que es casi una superstición.

No suelen ver como necesaria –al menos como principio teológico– la *petición por vivos y difuntos*, por las iniciales críticas de la doctrina de la justificación y de las indulgencias. Sin embargo, la misma necesidad humana de rezar por los difuntos resulta en cierta manera reconocida en la práctica en algunos casos.

El juicio e incluso la resurrección se realizan para los protestantes de modo inmediato *post mortem* –irían inmediatamente a Cristo–, por lo que no admitirían una escatología intermedia, aunque sí un cierto espacio de purificación.

7. Y aquí llegamos al núcleo y al origen del problema: la doctrina de *la justificación* ya estudiada y que veremos a continuación. Es el punto de partida y el de llegada. A través de la afirmación "el justo vive de la fe" (Rm 1, 17), los protestantes tienden a subrayar la exclusiva necesidad de la fe y la gracia para la salvación (doctrina de la *sola fide* o "sola fe").

Ante la gracia, solo cabe pasividad (*sola gratia* o "sola gracia"), llegando incluso a negar no solo las obras sino también la misma libertad humana. Los católicos añadimos, por el contrario, además las obras, porque "la fe sin obras es fe muerta" (St 2, 17), que también aparece reflejado en algunos otros textos paulinos. "La fe que obra por la caridad" (Ga 5, 6) no solo expresa la complementariedad entre ambas, sino también la primacía del amor en el mensaje cristiano (cf 1Co 13).

La doctrina de la justificación en la actualidad

El protestantismo comenzó por la doctrina de la justificación, y ahora volvemos a ella, para ver cómo se entiende en estos momentos. Con esto cerramos el círculo. En octubre de 1513, Martín Lutero iniciaba las clases de sagrada Escritura en la universidad de Wittemberg y, durante los cuatro años siguientes, recorrió los salmos y las epístolas paulinas a los romanos, a los gálatas y a los hebreos. Llegó a conocerlas casi de memoria. Pasados estos cuatro años, se había realizado en él una profunda transformación, pero ¿cómo tuvo lugar este cambio de pensamiento?

> Como es bien sabido, este aparece claramente en el comentario a la *Epístola a los romanos*, que resume sus lecciones entre 1505 y 1518. En estas fechas ya había tenido lugar el cambio interior de Lutero en lo que él llama la "experiencia de la torre" (*Turmerlebnis*). Fue como una luz especial que, según él, recibió de Dios y que resolvía todas sus angustias y dificultades.
>
> En ella influyeron tanto su rechazo teórico del *voluntarismo* ockhamista de Gabriel Biel (1420-1495), como su experiencia personal sobre la necesidad de la gracia para la vida cristiana. Dios era pura voluntad, que podía determinar de modo casi arbitrario lo que es bueno y malo.

Sin embargo, no hemos de olvidar que los comentarios luteranos a los textos paulinos permiten, salvada su unilateralidad, una interpretación también católica. La actitud del hombre ante el don de la fe es la de quien se abre a ella, para dejar que solo ella actúe. La fe es un regalo de Dios que obra la salvación del cristiano y exige un total abandono en el poder de Dios, en su sola gracia. La justificación acontece sin las obras de la ley: tan solo por la fe en Jesucristo y por la gracia que él nos alcanza. Por eso escribe Joseph Lortz (1887-1975) que "Lutero fue un hombre extraordinariamente religioso, un verdadero *homo religiosus*", totalmente ajeno a la mediación humana.

Sin embargo, estaba también un tanto *aislado* en este afán, al sentir una absoluta necesidad de asegurar su propia salvación, frente a la teología ockhamista en la que se había formado, defensora de un voluntarismo arbitrario por parte de Dios.

Así, "el tema "justificación" –escribe Gómez Heras– condensa la quintaesencia de la concepción protestante de Dios y del hombre". Va a ser este el *articulus stantis et cadentis Ecclesiae* y el "rector y juez de todas las demás doctrinas cristianas", el principio interpretativo de toda la doctrina cristiana.

1. Las fases previas del texto

En estas líneas veremos los precedentes del documento de 1999, el contenido, los desarrollos y las perspectivas. Han pasado ya cinco siglos que nos permiten observar con más *distancia y objetividad* los aciertos y carencias de esta crítica doctrinal. El tiempo ha jugado a favor de historiadores y teólogos, y ahora es posible un diálogo mucho más sereno, sin los apasionamientos y las controversias de los primeros momentos. En efecto, permite leer tanto los textos luteranos como el decreto tridentino sobre la justificación con más tranquilidad y clarividencia.

Recapitulemos ahora, por tanto, y veamos la situación del *diálogo teológico interconfesional* sobre este tema. Las conversaciones con los luteranos tras el concilio Vaticano II tienen una larga historia, pues ya en 1967 fue creada en Zúrich la comisión mixta entre la Iglesia católica y la Federación luterana mundial. Según indica Jutta Burggraf (1952-2010), "puede decirse que se ha avanzado más en el periodo posconciliar del Vaticano II, que en los 450 años precedentes". El trabajo ha sido largo; pero ha obtenido sus frutos, y pueden ser establecidas las siguientes fases en lo que se refiere a la doctrina sobre la justificación:

a) En la primera fase (1967-1972) encontramos el *Documento de Malta. El evangelio y la Iglesia* (1972), en el que se reconoce la justificación como el núcleo teológico sobre el que se debe dialogar. Aquí se aprecia ya un "amplio acuerdo" entre los teólogos de ambas confesiones sobre la *vexata quaestio*. Como indica Enrique Benavent, la doctrina de la justificación no es solo el *articulus stantis et cadentis Ecclesiae*, sino que constituye el criterio inicial para acometer la reforma de la Iglesia y una llamada permanente para que no olvide su propia misión: la justificación y santificación de todos los hombres y mujeres en la Iglesia.

b) En una segunda fase (1972-1985) aparecen distintos documentos sobre cuestiones particulares y derivadas de este gran principio hermenéutico que atañe a toda la fe: *La cena del Señor* (1978), *Caminos hacia la comunión* (1980), *El ministerio espiritual en la Iglesia* (1981), *Martín Lutero, testigo de Jesucristo* (1983) y *Ante la unidad* (1984). También figuran algunos documentos elaborados por grupos nacionales, como uno sobre la justificación redactado en Estados Unidos (1985) y otro en Alemania sobre las mutuas condenas (1986). Quedaban pues pendientes las grandes cuestiones sobre el ministerio, la autoridad y la Iglesia.

c) La tercera fase (1986-1993) culminó con el texto titulado *Iglesia y justificación* (1993), en el que se constata que no existe un acuerdo sobre el concepto de sacramentalidad de la Iglesia, es decir, como receptora y mediadora de la salvación. Iglesia y justificación son dos realidades igualmente originarias en el misterio cristiano. En las cuestiones eclesiológicas nos encontramos todavía en posiciones lejanas. Quedaba, sin embargo, también clara la cuestión de la prioridad del evangelio sobre la Iglesia, que presenta la proclamación de la Palabra como una de sus más importantes misiones.

d) En la cuarta fase (1993-1996) fue elaborado el proyecto de acuerdo sobre la doctrina de la justificación, en el que existe una concordancia general, pero con una diferencia de acentos: la justificación viene solamente por la gracia, pero su recepción permite las buenas obras, tal como expuso el decreto sobre la justificación de Trento al analizar las relaciones entre gracia y libertad (cfr. DS 1521-1526).

e) La quinta fase (1996-1999) va a suponer un intenso *sprint* final. En 1997 aparecen los *Würzurger Text* I y II, que fue aprobado por las autoridades luteranas al año siguiente. En enero de ese año 160 teólogos luteranos amonestaron a los líderes de sus propias iglesias para que se distanciaran del texto. Para la correcta comprensión de este en toda su amplitud y profundidad, la respuesta católica apareció el 25 de junio de 1998 y abrió la vía a ulteriores consensos.

2. El contenido del documento

Tras superar todas estas dificultades, el acuerdo fue firmado finalmente en 1999 en la ciudad de Augsburgo, en la luterana iglesia de santa Ana, por parte de la Iglesia católica y la Federación luterana mundial. Más adelante, en 2006, el Consejo metodista mundial se adhiere a la declaración conjunta, mientras en 2017 fue suscrito por los reformados de origen suizo –zwinglianos y calvinistas o presbiterianos– y por los anglicanos, tras haber sido aprobado en el *Anglican Consultative Council* celebrado en Lusaka (Zambia) del 8 al 16 de abril del año anterior.

Así, aquel 31 de octubre del último año del milenio (día de la reforma, en el que supuestamente Lutero colgó las 95 tesis) fue la fecha elegida para firmar la declaración conjunta entre católicos y luteranos sobre la doctrina de la justificación. A pesar de las polémicas suscitadas por teólogos protestantes en un primer momento –como hemos mencionado–, hoy día es un texto pacíficamente aceptado. Nos encontramos, pues, por primera vez en el diálogo luterano-católico, con un documento aprobado por la autoridad de la Iglesia católica y la de la Federación luterana mundial, preparado a su vez por la citada Comisión mixta oficial luterano-católica. Como afirma Villar,

> "el objetivo de la declaración conjunta es presentar *hoy* la doctrina de la justificación, a la luz de la *profundización* en las últimas décadas", para llegar así a "verdades fundamentales" (*Grundwahrheiten*) sin incurrir de nuevo en recíprocas condenas.

Así, por ejemplo, como un posible *common ground* para ambas confesiones, el aparato bíblico de nuestro texto se presenta cuidado (cfr. nn. 8-12). Además, esta declaración conjunta de 1999 presenta una importancia difícil de exagerar, pues fue la primera vez se llegaba oficialmente a un acuerdo en materia doctrinal sobre la cuestión central del protestantismo, desde que Lutero rompió con la Iglesia romana hace ya cinco siglos, que entre las distintas comunidades protestantes y la Iglesia católica. Era tan solo un comienzo que puede presagiar un buen fin.

> Se comprende que, para el acto de la firma, se haya elegido una ciudad –Augsburgo– que tanto significado tiene en la historia de la reforma protestante: allí fue rubricada en 1530 la célebre *Confesión* inspirada por Philip Melanchthon (1497-1560), que siempre ha sido entendida en el seno de la teología reformada como un acercamiento a las posiciones católicas. Además, tras la *Confessio augustana*, reconocida también por los componentes de la Liga de Esmalcalda, fue elevada en la Paz de Augsburgo, en 1555, como base de derecho público por parte de las iglesias luteranas.

La declaración conjunta no pretendió añadir nada al trabajo realizado en los años anteriores, sino presentar una síntesis para que fuera analizada por las autoridades luteranas y católicas. Parte de una *"hermenéutica de la confianza"* –en palabras de Maffeis– que presenta la propia fe a la aprobación de la otra confesión cristiana. Los desarrollos exegéticos y teológicos permiten formular ahora, de modo equilibrado y no polémico, la doctrina de la justificación (es decir, de cómo el hombre pecador puede salvarse), pues esta fue la cuestión central en la discusión de Lutero con la autoridad de la Iglesia, de modo que las diversas interpretaciones fueron objeto de condenas recíprocas, tanto por parte del concilio de Trento como de los propios luteranos hacia los católicos.

Según los *protestantes*, Dios declara justo al pecador, aunque no lo sea de verdad, siguiendo la doctrina del *simul iustus et peccator*, pues no es posible una transformación interior del hombre dañado radicalmente por el pecado. La naturaleza humana está totalmente corrompida. Lutero, perseguido por el temor de la eterna condena, necesitaba creer que Dios lo consideraba justo, aunque fuera pecador.

Por el contrario, según *Trento*, la gracia no solo cubre los pecados, sino que transforma realmente al hombre de pecador en justo, al cooperar la voluntad humana que acepta la gracia. Lo que permanece no es el pecado, sino la concupiscencia o *fomes peccati*, que es una tendencia al pecado. Sin embargo, ahora la disputa sobre el modo de justificación ha sido superada al buscar el núcleo de una verdad compartida por católicos y luteranos:

> Confesamos juntos –afirma la declaración– que no en razón a nuestros méritos, sino *solo* por medio de la gracia y en la fe en la obra salvadora de Cristo, somos aceptados por Dios y recibimos el Espíritu santo, el cual renueva nuestros corazones, nos capacita y nos llama a cumplir *buenas obras [guten Werken]* (n. 15).

"Juntos confesamos" significa la afirmación de una fe común, dejando espacio para una interpretación complementaria y no contradictoria con la otra, que constituye una explicación legítima de la misma fe. La justificación tiene lugar, por tanto, por medio de la gracia en la fe, pero "dicha fe es activa en el amor y, entonces, el cristiano no puede ni debe quedarse sin obras" (n. 25). Es decir, se concede un cierto espacio a la respuesta libre por parte del pecador, que acoge la gracia que solo puede venir de Dios. El acuerdo no se propone hacer un juicio histórico sobre los problemas de la fe tal como se dieron ayer, sino buscar la común confesión hoy día.

> En la *perspectiva católica*, lo que estos documentos dicen es que, a los luteranos que hoy confiesan la doctrina de la justificación, no les alcanzan las condenas del Trento tal y como se presentan en estos textos, pues no profesan –por decirlo con la palabra clásica– la herejía condenada. El acuerdo de Augsburgo viene a decirnos que confiesan una doctrina en la que hay acuerdo entre católicos y luteranos, y es –en este sentido– "doctrina católica".

En el documento se reconoce claramente *por parte luterana* que la donación de la gracia justificante puede ser rechazada por el pecador, lo cual es una forma clara, al menos implícita, de decir que la posición del hombre ante Dios no es "meramente pasiva" (cfr. n. 21).

El entonces cardenal Ratzinger afirmó que, con el acuerdo, "se ha alcanzado un *consenso sobre verdades fundamentales* para la doctrina de la justificación, pero quedan otros problemas sin resolver". La cuestión se vuelve más real —añadía— si tomamos en consideración la presencia de la Iglesia en el proceso de justificación y la necesidad del sacramento de la penitencia, pues "aquí aparecen las verdaderas divergencias", concluía. Con todo, este acuerdo sobre el tema de la justificación, raíz y artículo fundamental de la disidencia luterana, lleva a los protestantes a situar este tema en el eje de la "jerarquía de verdades" que condiciona el modo de concebir la Iglesia, los sacramentos y toda la doctrina de fe, y puede llevar a revisar en consecuencia sus antiguas posiciones. Hay matices y explicaciones, como por ejemplo del tradicional término católico *cooperatio gratiae*, entendido como

un fruto de la gracia y no una acción que dimana de una innata capacidad humana *[kein Tun des Menschen aus eigenen Kräften]*" (n. 20).

Por otra parte, el *mere passive* luterano es entendido aquí como "plena participación personal en la fe *[sein volles personales Beteiligstein im Glauben]* (n. 21).

Como consecuencia, la "acción de la gracia de Dios no excluye la *acción humana*", concluye el anexo del texto que contiene los comentarios a la declaración publicados por la Congregación para la doctrina de la fe (n. 2, C). La justificación solo puede venir *durch Glauben und aus Gnade*, por medio de la fe y de la gracia; pero a la vez ha de tener en cuenta a "la fe que obra por la caridad" (Ga 5, 6).

La justificación por la que Dios confiere el don de una nueva vida en Cristo es perdón de los pecados y santificación (cfr. Rm 5, 1 y 1 Jn 3, 1), en la que Dios nos regala "una vida nueva en Cristo" (n. 22). Somos verdadera e internamente *renovados* por la acción del Espíritu santo y siempre permanecemos dependiendo de su acción en nosotros: "Si alguien es en Cristo, ese ya es nueva criatura, lo antiguo ha pasado" (2Co 5, 17). Los pecados son realmente borrados y sustituidos por la gracia; la naturaleza humana está herida, y no muerta o corrompida.

Los justificados permanecen, en este sentido, no pecadores. Pero también es cierto que nos engañamos si decimos que no tenemos pecado (cfr. 1 Jn 1, 8-10; Jn 1, 28). "Fallamos en muchas cosas", dice Santiago 3, 2. De ahí la continua oración pidiendo *perdón* por nuestros pecados y ayuda para vivir en Cristo en plenitud. Por eso, luteranos y católicos, a pesar de nuestras diferencias sobre el tema, podemos comprender juntos en este sentido al cristiano como *simul iustus et peccator:* somos pecadores, pero no estamos ni corrompidos ni empecatados de modo irremisible (cfr. nn. 28-30; anexo n. 2).

Sin embargo, no se acaba de ver cómo compatibilizar la explicación luterana del *simul justus et peccator* del n. 29 con la doctrina católica contenida en el anexo, n. 30. En esta, el bautismo borra todo pecado y queda tan solo la concupiscencia, mientras que para los luteranos esta ya sería verdadero pecado.

Asimismo, la expresión "oposición a Dios" *[Gottwidrigkeit]*, usada en los nn. 28-30, resulta ambigua, pues católicos y luteranos la utilizan de manera diversa. Por tanto, el anexo pregunta si la doctrina del *simul justus et peccator* así presentada no sigue cayendo bajo las condenas de Trento, por lo que requeriría ulteriores profundizaciones. Respecto a las nociones de concupiscencia y pecado, dice allí:

"El concepto de 'concupiscencia' *[Konkupiszenz]* es usado por católicos y luteranos con sentidos diferentes. En los escritos confesionales luteranos la concupiscencia es entendida como el apetito *[Begehren]* del hombre, mediante el cual el hombre se busca a sí mismo, y que a la luz de la ley –espiritualmente entendida– es visto como pecado. En la comprensión católica, la concupiscencia es una inclinación que permanece en los hombres aún después del bautismo, que proviene del pecado y conduce a él.

A pesar de las diferencias aquí incluidas, desde la perspectiva luterana se puede reconocer que el deseo *[Begierde]* puede convertirse en la puerta de entrada *[Einfallstor]* por el que el pecado ataca. Debido al poder del pecado, todo hombre lleva en sí la tendencia de oponerse a Dios. Esta tendencia, de acuerdo con las concepciones católica y luterana, 'no corresponde al designio inicial de Dios sobre el hombre' (n. 30)".

El pecado tiene un *carácter personal* y lleva en cuanto tal a la separación de Dios: es "el deseo egoísta del hombre viejo y la falta de confianza y de amor a Dios" (anexo, 2, B). También la antinomia luterana entre ley y evangelio es abordado también por nuestro documento (nn. 31-33). Según los protestantes, la afirmación del segundo no implica la negación de los mandamientos, pues estos expresan la voluntad de Dios.

La distinción entre ley y evangelio significa que el pecador, "mediante la fe en el evangelio, ha de volverse sin reservas a la *misericordia de*

> *Dios en Cristo*, que es la única que le justifica" (n. 32). A su vez, "cuando los católicos acentúan que el justo está obligado a observar los mandamientos de Dios, no por ello niegan que –mediante Jesucristo– Dios ha prometido misericordiosamente a sus hijos la gracia de la vida eterna" (n. 33). La conocida *questio disputata* sobre si el cristiano puede tener la certeza de su propia salvación, la declaración afirma que el creyente puede confiar en la promesa divina (cfr. nn. 34-36).
>
> Los católicos pueden compartir la intención de los reformadores de fundamentar la fe en la realidad objetiva de la promesa de Cristo, prescindiendo de la propia experiencia y confiando solo en la palabra de perdón de Cristo (cfr. Mt 16, 19; 18, 18) (n. 36).

En lo que se refiere a las *buenas obras* del justificado, sostiene el texto consensuado que los católicos no niegan con la palabra "mérito" que la justificación sea un don gratuito; y los luteranos reconocen un crecimiento en la gracia y en la fe por parte del justificado (cfr. nn. 37-39). Por lo tanto, concluye, "juntos confesamos que las buenas obras –una vida cristiana en fe, esperanza y amor–, siguen a la justificación y son frutos de ella" (n. 37).

> Las buenas obras son siempre fruto de *la gracia*, pues las precede; pero, sin disminuir la iniciativa divina, la doctrina católica sostiene que son también fruto del hombre justificado y transformado interiormente por la gracia divina, por medio de la inhabitación trinitaria.
>
> El énfasis luterano en la justificación del pecado se une a la doctrina –sobre todo oriental– de la *divinización* interior del cristiano por la gracia, alcanzando de este modo un equilibrio que no aparecía en algunos planteamientos reformados.
>
> Así, la *sola gratia* no está tan sola, pues requiere de la libertad. La vida eterna es toda ella gracia, pero también requiere una *respuesta libre* a esta, que se expresa en las buenas obras practicadas por la caridad (cfr. anexo 2, D).

3. Perspectivas de futuro

El acuerdo de la justificación tiene por ello la posibilidad de abrir el camino en las relaciones católico-luteranas, para abordar otras cuestiones que, sin esta premisa, estarían en el aire. Es el mismo documento el que lo subraya en el n. 43, ya casi al final:

> Quedan pendientes *cuestiones* de importancia que requieren ulterior aclaración, entre ellas: la relación entre la palabra de Dios y la doctrina

de la Iglesia, la eclesiología, la autoridad de la Iglesia, el ministerio, los sacramentos y la relación entre justificación y ética social. Estamos convencidos de que el consenso que hemos alcanzado sienta sólidas bases para esta ulterior aclaración.

El diálogo debe pues continuar en torno a estas materias. En este sentido, además del documento común *Del conflicto a la comunión* (2013), aunque se trate de un documento de diálogo local, la *declaración en camino sobre Iglesia, ministerio y eucaristía* de 2015, suscrito por la Conferencia episcopal estadounidense y la Iglesia evangélico-luterana de América (y que recoge los frutos alcanzados durante cincuenta años en diálogos locales y oficiales), supone un hito para preparar el quinto centenario de la ruptura de Lutero con Roma.

> En el prólogo de esta declaración, el texto nos recuerda que "es bueno volver a recorrer el camino que hemos hecho juntos y mencionar los puntos de convergencia que juntos hemos alcanzado", a la vez que "enumera los temas que tradicionalmente dividen a luteranos y católicos en lo que se refiere a la Iglesia, el ministerio y la eucaristía". Así como en 1999 fue firmada una *declaración conjunta sobre la doctrina de la justificación*, urge pues ahora un documento común sobre estos tres grandes temas de tanta relevancia para el ecumenismo y la vida de la Iglesia. En esta misma línea se está también trabajando en el ámbito escandinavo, especialmente en Suecia y en Finlandia.

Así, como perspectivas pendientes, quedan en el aire preguntas como la dimensión visible de *la Iglesia, el ministerio y los sacramentos*. Como afirmaba Burggraf, "es una meta intermedia que constituye, a su vez, una base segura para continuar en la investigación teológica ecuménica y para afrontar las dificultades que todavía existen, con una esperanza más fundada de que puedan ser resueltas en el futuro". En efecto, el 31 de octubre de 1999, católicos y luteranos firmaron un documento para poner punto final a un enfrentamiento doctrinal que se había iniciado 482 años antes, cuando Lutero envió sus famosas 95 tesis en la puerta de la iglesia palatina de Wittemberg. La doctrina de la justificación –no lo olvidemos– constituye el tema teológico fundamental que está en la raíz de aquel enfrentamiento del reformador alemán con la autoridad de la Iglesia.

Años después, en 2011, en la visita al convento de los agustinos donde Martín Lutero permaneció desde 1505 a 1511, Benedicto XVI ya como obispo de Roma recordó que "lo que le quitaba la paz [a Lutero] era la cuestión de Dios, que fue la pasión profunda y el centro de su vida y de su camino". Tras haber hecho una referencia al profundo interés del reformador por el misterio del mal, del pecado y de la necesidad de un Dios misericordioso, el papa alemán se refirió al núcleo del problema: "No, el mal no es una nimiedad. No sería tan poderoso si nosotros pusiéramos a Dios realmente en el centro de nuestra vida", por lo que eran requeridos "la vivencia y el testimonio de la verdad de la fe". Benedicto XVI afirmaba entonces en el mencionado texto leído en el país donde nació la reforma protestante unas palabras que nos pueden servir de orientación sobre un ulterior estudio teológico que de verdad suscite el diálogo ecuménico:

> Pienso que de este modo el problema eclesiológico, así como el del ministerio, no se afrontan de modo correcto. La cuestión verdadera es [a] la *presencia de la Palabra en el mundo*. La Iglesia primitiva, en el siglo II, tomó tres decisiones: en primer lugar, establecer el canon, subrayando así la soberanía de la Palabra y explicando que no solo el antiguo testamento es *hai grafai* [=escrituras santas], sino que, juntamente con él, el nuevo testamento constituye una sola Escritura y, de este modo, es para nosotros nuestro verdadero soberano.

> Pero, al mismo tiempo, la Iglesia formuló [b] *la sucesión apostólica*, el ministerio episcopal, consciente de que la Palabra y el testigo van juntos, es decir, que la Palabra está viva y presente solo gracias al testigo y, por decirlo así, recibe de él su interpretación, y que recíprocamente el testigo solo es tal si da testimonio de la Palabra.

> Y, por último, la Iglesia añadió un tercer elemento: [c] la *regula fidei*, como clave de interpretación.

> Pienso que esta compenetración mutua es objeto de divergencias entre nosotros, aunque nos unen cosas fundamentales. Por tanto, cuando hablamos de eclesiología y de ministerio, deberíamos hablar preferentemente de este *entrelazamiento entre Palabra, testigo y regla de fe*, y considerarlo como cuestión eclesiológica, y por eso, a la vez, también como cuestión de la palabra de Dios, de su soberanía y de su humildad, puesto que el Señor confía su Palabra a los testigos y les encomienda su interpretación, pero que debe regirse siempre por la *regula fidei* y por la seriedad de la Palabra.

> Perdonadme que haya expresado aquí una opinión personal, pero me parecía oportuno hacerlo. También [d] *las grandes cuestiones éticas* que plantea nuestro tiempo constituyen una prioridad urgente en el diálogo ecuménico; en este campo, los hombres de hoy en búsqueda, esperan con razón una respuesta común de los cristianos, que, gracias a Dios, en muchos casos casi se ha encontrado.

En esta misma línea, añadía el papa Francisco el 31 de octubre de 2016, en la histórica visita a la catedral de Lund, en Suecia, con motivo del inicio de los quinientos años de la reforma inaugurada por Lutero:

La experiencia espiritual de Martín Lutero nos interpela y nos recuerda que no podemos hacer nada sin Dios. "*¿Cómo puedo tener un Dios misericordioso?*". Esta es la pregunta que perseguía constantemente a Lutero. En efecto, la cuestión de la justa relación con Dios es la cuestión decisiva de la vida.

Como se sabe, Lutero encontró a ese Dios misericordioso en la buena nueva de *Jesucristo* encarnado, muerto y resucitado. Con el concepto de "solo por la gracia divina", se nos recuerda que Dios tiene siempre la iniciativa y que precede cualquier respuesta humana, al mismo tiempo que busca suscitar esa respuesta. La doctrina de la justificación, por tanto, expresa la esencia de la existencia humana delante de Dios.

Jesús intercede por nosotros como mediador ante el Padre, y le pide por *la unidad* de sus discípulos "para que el mundo crea" (Jn 17, 21). Esto es lo que nos conforta, y nos mueve a unirnos a Jesús para pedirlo con insistencia: "Danos el don de la unidad para que el mundo crea en el poder de tu misericordia". Este es el testimonio que el mundo está esperando de nosotros.

Los cristianos seremos testimonio creíble de la misericordia en la medida en que el perdón, la renovación y la reconciliación sean una *experiencia cotidiana* entre nosotros. Juntos podemos anunciar y manifestar de manera concreta y con alegría la misericordia de Dios, defendiendo y sirviendo la dignidad de cada persona. Sin este servicio al mundo y en el mundo, la fe cristiana es incompleta.

También en un encuentro el 18 de diciembre de 2014 en la Iglesia evangélica luterana alemana de Roma, el papa Francisco recordaba que, a pesar de las diferencias teológicas que persisten en diversas cuestiones de fe, la colaboración y la convivencia fraterna caracterizan la vida de las iglesias y comunidades eclesiales, comprometidas en un camino ecuménico común, y concretadas en textos conjuntos como la *Declaración conjunta sobre la doctrina de la justificación*, firmada oficialmente hace más de quince años en Augsburgo: "son –dijo el obispo de Roma– piedras angulares, que permiten seguir con confianza el camino emprendido". Y aunque el objetivo común de la plena y visible unidad a veces parezca alejarse a causa de diferentes interpretaciones sobre lo que es la Iglesia y su unidad, es necesario no ceder a la resignación, sino concentrarse en el próximo paso posible que debemos dar juntos.

No olvidemos –subrayó el papa– que recorremos *juntos el camino* de la amistad, del respeto mutuo y de la investigación teológica; un camino que nos hace mirar con esperanza al futuro. Por eso el pasado 21 de noviembre las campanas de todas las catedrales de Alemania tocaron para invitar a todos los hermanos cristianos a un servicio litúrgico común por el quincuagésimo aniversario de la promulgación del decreto *Unitatis redintegratio* del Vaticano II.

4. Cuestiones pendientes

Con motivo del quinto centenario de aquel 31 de octubre de 1517, algunas comunidades luteranas pidieron la "hospitalidad eucarística" con la Iglesia católica; es decir, poder recibir la comunión eucarística en una celebración católica. Queda, sin embargo, un largo camino por recorrer, como hemos estado viendo. Junto con el luterano Harding Meyer (n. 1928), el cardenal suizo Kurt Koch (n. 1950), actual presidente del Consejo para la unidad de los cristianos, animó a dar "nuevos pasos hacia la unidad", pues una *nueva declaración común sobre la Iglesia, la eucaristía y el ministerio*" constituirá "un paso decisivo en el camino hacia la comunión plena de las iglesias". Mientras el diálogo oficial católico-luterano sobre estos tres temas ha dado abundantes frutos en los años posteriores al Vaticano II, los teólogos de ambas confesiones profundizan en las respectivas doctrinas sin llegar a un pleno acuerdo en todos y cada uno de los puntos.

> Muchos miembros de nuestras comunidades anhelan recibir la eucaristía en una mesa –recordaba el papa Francisco en Lund, en 2017, con motivo de los 500 años del inicio de la reforma protestante–, como expresión concreta de la unidad plena. Sentimos el dolor de los que comparten su vida entera, pero *no pueden compartir* la presencia redentora de Dios en la mesa de *la eucaristía*.
>
> Reconocemos nuestra conjunta responsabilidad pastoral para responder al hambre y sed espiritual de nuestro pueblo con el fin de ser uno en Cristo. Anhelamos que sea sanada esta herida en el cuerpo de Cristo. Este es el propósito de nuestros esfuerzos ecuménicos, que deseamos que progresen, también con la renovación de nuestro compromiso en el *diálogo teológico*.

Es, por tanto, un "ya pero todavía no" que mueve al trabajo, a la oración y al diálogo teológico que deben continuar. En efecto, para algunos cristianos, a) *las mediaciones* siguen resultando algo problemático: afirman, por ejemplo, que no todos creen que deben reconocer al obispo que representa a Cristo, o que no es necesario un profundo consenso en estos puntos doctrinales para llegar a la mutua comunión eucarística.

La Iglesia católica insiste –con las iglesias ortodoxas– en la previa comunión en la fe para poder acceder a la comunión eucarística. Además, los protestantes deben considerar las importantes diferencias con b) la noción de *sacramento*, tan importante en la teología.

> Los sacramentos fueron considerados por los padres de la Iglesia huellas de la encarnación del Verbo y como una continuación de la acción salvífica de Cristo. Lejos de este *"pensar sacramental"*, algunos teólogos luteranos afirman que no llegará la modernidad hasta que el ecumenismo deje de hablar de categorías tales como Iglesia, ministerio y sacramento. Siguen existiendo pues aquí grandes diferencias con las concepciones católica y ortodoxa.

Este trecho del camino debe, por tanto, ser también recorrido después del logro histórico obtenido por la declaración conjunta sobre la doctrina de la justificación. Es un motivo de acción de gracias a Dios. Estamos, pues, en la pista que nos dirige hacia el futuro: necesitamos todavía –como decíamos– c) una *declaración conjunta sobre eucaristía, ministerio y eclesiología*, que traerá seguramente interesantes consecuencias en ámbito ecuménico.

No hemos de olvidar, sin embargo, tampoco d) las *cuestiones morales* –bioética, doctrina social, medio ambiente, género–, donde no siempre existe un consenso absoluto.

Además, tal vez podría ser interesante para alcanzar ulteriores consensos la sugerencia de Benedicto XVI de la previa comprensión del principio protestante de la *sola Scriptura*, según el lema igualmente luterano *sola Scriptura numquam sola* (es decir, e) de *la cuestión hermenéutica*). Es el verdadero punto de partida de toda la comprensión e interpretación realizada por nuestros hermanos protestantes. Confiemos que la acción del Espíritu ilumine estos intentos y podamos acercarnos más y más a la meta propuesta por nuestro Señor: "que todos sean uno" (Jn 17, 21).

Tercera parte
El movimiento ecuménico

Origen y desarrollo

Después de ver las distintas divisiones que se han dado en la Iglesia en los siglos V, XI, XVI y posteriores, veamos ahora el movimiento hacia la unidad suscitado por el Espíritu. Es el llamado "movimiento ecuménico". La expresión *movimiento ecuménico* indica la singular forma que ha asumido el ecumenismo en el siglo XX, como fenómeno suscitado por el Espíritu santo en el seno de las distintas iglesias a favor de la unidad. El sentido de unidad y de universalidad, en cierto modo presente en la aplicación profana y bíblica del término *oikumene*, se juzga muy adecuado para hablar del misterio de la Iglesia en la perspectiva de la comunión que ha de restablecerse. El ecumenismo se dirige a recuperar la unidad o comunión visible en la única Iglesia de Cristo. A continuación, veremos sintéticamente los puntos fundamentales desde una perspectiva histórica, mientras que su consideración teológica se verá en los siguientes capítulos.

1. Los precedentes

Empezando por los católicos, en ámbito alemán hay que mencionar sin duda al teólogo de la escuela de Tubinga *J. A. Möhler* (1796-1838) y sus dos obras eclesiológicas fundamentales: *La unidad de la Iglesia, es decir, el principio del catolicismo en el espíritu de los padres de la Iglesia de los tres primeros siglos* (1825), y *Simbólica o exposición de las antítesis dogmáticas entre católicos y protestantes según sus escritos confesionales publicados* (1832). En ellas supera la eclesiología de corte societario y juridicista, predominante en la época, para dar mayor espacio a la dimensión mistérica: la Iglesia no es solo sacramento, sino misterio de comunión con Dios y entre las personas, entendiéndose así en clave trinitaria como pueblo de Dios, cuerpo de Cristo, templo del Espíritu.

En la primera obra de Möhler se acentúa el hecho de que el principio de la unidad de la Iglesia es el Espíritu santo, alcanzando una mayor claridad respecto a la unidad orgánica entre Cristo y la Iglesia. Es esta la llamada *"cristología pneumatológica"*, complementaria a la cristológica de cuerpo de Cristo.

Simbólica, sin embargo, subraya más los *aspectos cristológicos* y la Iglesia se entiende como continuación o prolongación del Verbo encarnado.

Si bien estas ideas no tuvieron gran acogida en su momento, el pensamiento de Möhler está en la base de la teología que confluyó después en la *Mystici corporis* de Pío XII y, todavía más, en la eclesiología de comunión del Vaticano II.

Otro precursor, poco posterior a Möhler y también teólogo alemán, fue *J. M. Scheeben* (1835-1888). En su famoso libro *Los misterios del cristianismo* (1865) contempla a la Iglesia en el contexto del misterio trinitario y cristológico, y dentro de la asunción –por parte de Dios– de las realidades corporales en la economía de la salvación.

En la misma línea encontramos en Inglaterra a *J. H. Newman* (1801-1890). En su *Ensayo sobre el desarrollo de la doctrina cristiana* (1845) y en otras obras, dibujó los rasgos fundamentales de la *jerarquía de verdades*, la cual encontrará acogida en el concilio Vaticano II y se mostrará como instrumento privilegiado para el diálogo ecuménico. Así pues, Möhler, Scheeben y Newman serán tres profetas y precursores católicos del movimiento ecuménico.

En el ámbito círculos *interconfesionales* (es decir, entre varias confesiones cristianas distintas), el siglo XIX ve nacer varios fenómenos institucionalizados, como reacción a la generalizada pérdida de influencia de la Iglesia en la sociedad: la *Young Men Christian Association* (YMCA), fundada en Inglaterra en 1844 y muy difundida en los Estados Unidos, con la preocupación principal de evangelizar la juventud; la paralela *Youth Women Christian Association* (YWCA, Inglaterra 1854); la *World Student Christian Association* (Inglaterra 1895), y la Alianza mundial para la amistad internacional por medio de las iglesias, surgida a comienzos del siglo XX para fomentar la paz internacional. Pese a ser asociaciones interconfesionales, no miraban de modo directo a la unidad de las iglesias.

También en ámbito anglosajón –quienes, como vemos, son los pioneros de la causa ecuménica– encontramos la *Asociación para la promoción de la unidad de los cristianos* (1857), fundada en Londres, de la que formaban parte católicos, ortodoxos y anglicanos. Mucho influía en ella la *Branch Theory*, según la cual la Iglesia está formada por tres ramas iguales –romana, anglicana y ortodoxa–, todas ellas *católicas* y poseedoras del sacerdocio y la sucesión apostólica. Pío IX pidió que no se participara en las reuniones mientras no se lograra una mayor clarificación doctrinal, dado que la plenitud de los medios de santificación se encuentra solo en la Iglesia católica romana.

En el pontificado siguiente, *León XIII* (1878-1903) muestra una patente solicitud ecuménica. Manifestó un vivo interés sobre todo por ortodoxos y anglicanos, y no tanto por los protestantes, pues en ellos ya se hacía notar el inicio de la secularización y del liberalismo teológico. Se opone a la teoría de las tres ramas, pues "Jesucristo no ha concebido ni instituido una Iglesia formada por varias comunidades".

Respecto al *concilio Vaticano I* (1869-1870), el entonces cardenal Pecci, futuro León XIII, resumió en tres sus tareas principales: fomentar la pureza de la fe, abordar una reforma disciplinar y promover la paz y la unidad de los cristianos, especialmente con las iglesias orientales y con los anglicanos. El intento ecuménico fue, pues, uno de sus principales fines.

> León XIII tuvo una serie de iniciativas concretas. En 1879, por ejemplo, creó cardenal a Newman, poco antes de que en 1888, los anglicanos fijasen el llamado *Cuadrilátero de Lambeth*, configurado por la Escritura, los símbolos de los apóstoles y de Nicea, los sacramentos del bautismo y la cena, y el episcopado histórico.

> En 1894 publicó la carta apostólica *Preclara gratulationis*, donde establece dos *niveles de disidencia*, diferenciando entre ortodoxos y anglicanos de los protestantes: de las *illustres Ecclesiae orientales* ortodoxas –a cuyos fieles llama *hermanos*– solo nos separa la cuestión *de Romani Pontifici primatu*, mientras que al resto de comunidades eclesiales les faltaría la *sucesión apostólica* y, con ella, la mayoría de los sacramentos.

> De ese mismo año fue la encíclica *Orientalium dignitas*, contra los intentos de latinización de los orientales, y en 1895 erigía la Comisión pontificia para favorecer la reconciliación con los disidentes en la Iglesia. Con la bula *Apostolicae curae* (1896), tras una oportuna investigación histórica, sancionó la invalidez de las ordenaciones anglicanas, como queda dicho.

Puede también estimarse como factor que precede al movimiento ecuménico la creación, durante el siglo XIX e inicios del XX, de *alianzas y federaciones de iglesias* pertenecientes a la misma tradición confesional, que suele ser frecuente en la eclesiología protestante. Estas comunidades protestantes gozan de una gran vitalidad y se unen y separan con frecuencia, dependiendo de factores muy variados. El fenómeno tuvo lugar inicialmente entre las confesiones nacidas de la reforma protestante –o a partir de estas– y entre anglicanos y veterocatólicos.

Las principales *agrupaciones ecuménicas* son:

1. Conferencia de Lambeth (1867), de la Comunión anglicana
2. Alianza de las iglesias reformadas (1875), después Alianza reformada mundial, o Comunión mundial de las iglesias reformadas
3. Conferencia ecuménica metodista (1881); desde 1951, Consejo metodista mundial
4. Unión veterocatólica de Utrecht (1889)
5. Consejo internacional congregacionalista (1891)
6. Alianza baptista mundial (1905)
7. Convención luterana mundial (1923); desde 1947, Federación luterana mundial.

2. Los orígenes

Existen ciertos indicios, pues, antes del nacimiento del movimiento ecuménico, propiamente dicho. Como veíamos, ya León XIII prestó gran atención a la cuestión de la unidad de los cristianos. En 1894 comenzó oficialmente la *oración por la unidad de los cristianos*, propia del ecumenismo espiritual, al principio se había instituido en forma de novena previa a la solemnidad de Pentecostés. Bajo su impulso se creó la *Commissio pontificia ad reconciliationem dissidentium cum Ecclesia fovendam*, que no perduró más allá de su pontificado. La terminología, sin embargo, retrata la visión que se tenía en ese momento, pues se trataba de que los "disidentes" volvieran a la Iglesia católica.

Vemos, por tanto, se trata de una forma de ecumenismo todavía en estado latente, que con el tiempo y la inestimable ayuda del Espíritu irá adquiriendo contornos más definidos. Superado el primer decenio del siglo XX, el *octavario de oración por la unidad de los cristianos*, que culmina el 25 de enero en la fiesta de la conversión de san Pablo, sustituyó a la novena que León XIII había situado antes de Pentecostés. Hay un claro cambio de orientación, pues el ecumenismo, para recuperar la unidad querida y establecida por el mismo Cristo en su única Iglesia, requiere la conversión de cada una de las partes. Así, el octavario estaría entre Pedro –cuya fiesta de la cátedra se celebraba el 18 de enero– y Pablo, en la fiesta de su conversión.

Algunas fechas señaladas en la historia de la *Semana de oración por la unidad de los cristianos* son las siguientes. En torno a 1740, nace en Escocia un movimiento de tipo pentecostal, con vinculaciones en América del norte, cuyo mensaje de avivamiento de la fe incluía oraciones por todas las iglesias y con todas ellas.

En 1840, el padre Ignatius Spencer (1799-1864), sacerdote pasionista procedente del anglicanismo, sugiere una *Unión de oración por la unidad*. En 1867, la primera *Conferencia de Lambeth* de los obispos anglicanos hace hincapié en la oración por la unidad en el *Preámbulo* de sus conclusiones.

Y en 1894, como veíamos, León XIII anima a la práctica de un octavario de oración por la unidad en el contexto de Pentecostés en la Iglesia católica. En 1908, tiene lugar la primera celebración del *octavario por la unidad de la Iglesia*, iniciada por el reverendo Paul Wattson, y ya celebrada ocho días antes de la fiesta de la conversión de san Pablo. El octavario lo difundió mucho el sacerdote francés Paul Couturier (1881-1954), que corresponde a la actual *Semana de oración por la unidad de los cristianos*.

El modelo entonces propuesto implicaba el paso *del unionismo al ecumenismo*, al proponer caminar juntos hacia Dios según su voluntad. El estudio y el encuentro pueden facilitar el conocimiento mutuo, que ayude a discernir cuál es la voluntad de Cristo respecto a su Iglesia.

3. El nacimiento

El *ecumenismo espiritual* propiciado por la celebración del octavario para la unidad de los cristianos preparaba el camino del movimiento ecuménico. En ámbito protestante, como veíamos, se habían creado realidades interconfesionales o establecido alianzas de unificación, pues unidad e interconfesionalidad recorren caminos paralelos.

Los historiadores coinciden en señalar la Conferencia misionera mundial, celebrada en Edimburgo en 1910, como punto de partida del actual movimiento ecuménico. Con todo, no sería justo ignorar a los mencionados autores católicos del siglo XIX, cuyas ideas sirvieron de fermento del ecumenismo, germinado en términos de renovación eclesiológica a inicios del siglo XX. Solo en Edimburgo, en 1910, confluyen estos caminos, y el *movimiento misionero* será también precursor del movimiento ecuménico.

En la capital de Escocia, bajo el impulso del metodista John Mott (1865-1955), se reunieron representantes de distintas iglesias –incluidos católicos y ortodoxos– para analizar el problema de la concurrencia de varias confesiones en un mismo territorio de misión. Allí se cobró conciencia, por vez primera, del *escándalo que causan las divisiones* y del prejuicio que comportan para la evangelización. Tomó así cuerpo la convicción de la necesidad de llegar a una unidad visible de las iglesias.

Con tal finalidad se creó el *Consejo misionero internacional* como organismo permanente, que en 1961 se integrará en el Consejo mundial de las iglesias. La conciencia de la necesidad de la misión llevó así a la conciencia del escándalo de la división de los cristianos, germen y origen del futuro movimiento ecuménico.

El significado técnico y teológico actual se desvela *solo a partir del siglo XX*, aunque en el siglo XIX encontramos algunos precedentes ya mencionados. En tiempos de la primera guerra mundial, tuvieron lugar los movimientos *Fe y constitución* de carácter más teológico y doctrinal, y *Vida y acción*, de orientación más práctica, como su nombre indica. En estas instituciones apreciamos ya un desarrollo claro del movimiento ecuménico que, con el tiempo, en 1948, dará lugar al Consejo mundial de las iglesias (CMI).

Así, se sentaron las bases del movimiento *Vida y acción (Life and Work)*, promovido por el obispo luterano Nathan Söderblom (1866-1931). Bajo el conocido lema *La doctrina separa, la acción une (Service unites, doctrine divides)*, intentó una colaboración entre las distintas iglesias en temas de carácter social, moral, de cooperación, etc. De hecho, promovió numerosas iniciativas sociales. Respecto al lema, comenta Congar: "difícilmente podría encontrarse una oposición más radical a la enseñanza de la Iglesia católica", que funda sus relaciones ecuménicas en el diálogo teológico.

También en Edimburgo nació casi simultáneamente el movimiento *Fe y constitución (Faith and Order)*, promovido por el obispo canadiense episcopaliano Charles Brent (1862-1929), el cual se proponía como base para el diálogo doctrinal interconfesional. Es decir, consistía en un ecumenismo doctrinal fundamentado en el diálogo teológico, más acorde con el enfoque católico del ecumenismo.

A pesar de ser de signo distinto, ambos movimientos se integrarán en el Consejo mundial de las iglesias, que nació en la Asamblea general de Amsterdam (1948), justamente como la unión de *Life and Work* y *Faith and Order*, complementándose de modo recíproco. *Fe y constitución* sigue todavía activo, con este nombre, como una comisión permanente del CMI. En 1961 se fusionó el mencionado Consejo misionero internacional.

En la Conferencia de Oxford de 1937, marcada por la reacción contra el auge del nazismo, el término *ecuménico* expresa ya con toda claridad los esfuerzos de las diferentes comunidades en pro de la unidad visible de la Iglesia, a pesar de que en el ambiente anglosajón se produjera cierta resistencia lingüística, al ser asociado fuertemente a los llamados concilios ecuménicos.

Este es el motivo por el cual no se habla del Consejo ecuménico de las iglesias, sino del *Consejo mundial de las iglesias (World Council of Churches)*, organismo con sede en Ginebra que –como veremos– reúne a 347 iglesias y comunidades cristianas, aunque la Iglesia católica no forma parte de él, sí mantiene constantes contactos.

Sin embargo, ya en 1950 el comité ejecutivo del CMI examinó la cuestión y recomendó eliminar la expresión *World Church* en círculos ecuménicos, ya que evoca la idea de una "Superiglesia con una maquinaria administrativa centralizada". El nombre, sin embargo, no se cambió.

El Consejo mundial de las iglesias no es, por tanto, ni una Iglesia ni una Superiglesia, ni la Iglesia del futuro; ni tampoco un concilio o un sínodo. Busca un mero *federalismo* ecuménico. De hecho, no toma decisiones en nombre de las iglesias representadas, ni tiene autoridad sobre ellas, puesto que cada una sigue manteniendo su propia identidad como ortodoxos, anglicanos o protestantes.

Si bien la incorporación al CMI no implica el reconocimiento de una doctrina particular sobre la unidad de la Iglesia, sí hay una *eclesiología mínima fundacional*, explícitamente mencionada en el texto constituyente: "El Consejo mundial de las iglesias es una comunidad de iglesias que confiesan al Señor Jesús como Dios y Salvador según el testimonio de las Escrituras, y procuran responder juntas a su vocación común para gloria del Dios único, Padre, Hijo y Espíritu santo".

Así, el reconocimiento de *la divinidad de Jesucristo y la confesión de la Trinidad* suponen los principios fundamentales de esta institución. Y su objetivo, tal como explicitó en su asamblea general de 1998, "es ofrecer un espacio donde las iglesias puedan exhortarse unas a otras a alcanzar la unidad visible en una sola fe y una sola comunión eucarística (...), para que el mundo crea".

Si bien al principio el movimiento ecuménico tuvo lugar sobre todo en ambientes protestantes, durante la primera mitad del siglo XX se desarrolló poco a poco en *ámbito católico* una corriente teológica, cada vez más extendida, favorable al ecumenismo y a la entrada oficial de la Iglesia católica en el movimiento ecuménico. Entre los distintos teólogos que se comprometieron en aquella época, tuvo gran relevancia Yves Congar y su obra *Cristianos desunidos. Principios de un ecumenismo católico*, de 1937.

En ese mismo año se celebraron las respectivas conferencias en Oxford de *Life and Work*, y en Edimburgo de *Faith and Order*, en las que decidieron unir sus fuerzas, aunque habrían de esperar hasta 1948 para lograrlo y fundar al Consejo mundial de las iglesias.

En sus primeros escarceos, el movimiento ecuménico no encontró acogida oficial por parte de la Iglesia católica e incluso fue explícitamente rechazado por Pío XI en la encíclica *Mortalium animos*, del 6.1.1928. Con todo, era esta la primera encíclica de tema ecuménico, lo que da idea de la importancia que iba alcanzando esta dimensión irrenunciable de la acción pastoral de la Iglesia.

En cualquier caso, cuando el CMI se fundó en la asamblea de Ámsterdam de 1948, el Santo Oficio publicó un *Monitum* (5.6.1948) en el que excluía absolutamente cualquier participación católica en esa asamblea. Habrá que esperar al pontificado de Juan XXIII para poder hablar de un compromiso decidido a favor del ecumenismo.

No obstante, hubo *iniciativas ecuménicas en ámbito católico*. Además de las Conversaciones de Malinas entre el cardenal Mercier y lord Halifax, hay que recordar la actividad de las abadías de Les Dombes (Francia, 1937) y de Chevetogne (Bélgica, 1939), enfocada al estudio del monaquismo y la espiritualidad oriental, con la revista *Irénikon*. Debe su origen al monasterio ecuménico de Amay-sus-Meuse, fundado en 1925 por el benedictino Dom Lambert Beauduin.

También de 1925 fue la creación en París del Centro Istina, por parte del dominico J. Dumont, y su revista ecuménica *Istina* (1954). En 1946 se funda el Instituto Bossey, cerca de Ginebra. A eso se une el inicio en Roma de la actividad de la asociación *Unitas* en 1947 y la creación en Paderborn, en 1957, del Instituto Joham Adam Möhler, por obra del obispo Lorenz Jäger.

Hay que agregar la instrucción *Ecclesia Catholica*, emanada por el Santo Oficio el 20.12.1949, durante el pontificado de Pío XII, que moderó bastante la prohibición hasta entonces en vigor, al permitir una discreta participación católica en el diálogo teológico interconfesional. El movimiento ecuménico promovido por los no-católicos –se dice allí– está suscitado por el Espíritu Santo, pero "ha de ser promovido y dirigido con prudencia". En el orden práctico aparecieron interesantes gestos, como el que, por ejemplo, desde 1950 se le permitiese al Opus Dei admitir cooperadores no católicos.

Aunque las *relaciones* siempre hayan sido cordiales, la Iglesia católica nunca ha pedido la admisión en el CMI en calidad de miembro, pese a las invitaciones recibidas en ese sentido. Su superioridad numérica podría condicionarlo. No obstante, mantiene un observador permanente en el Consejo y participa a pleno título, por medio de teólogos oficialmente delegados, en los diálogos doctrinales de la comisión *Fe y constitución*.

Desde 1965 existe el *Grupo mixto de trabajo*, conformado por miembros del CMI y de la Iglesia católica. En los comienzos del Consejo, el rechazo de la Iglesia católica a formar parte de este organismo era consecuencia de mantenerse al margen del diálogo ecuménico. Las razones actuales para no ingresar en él obedecen sobre todo a motivos de orden pastoral (el riesgo de confusión entre los fieles) y el no querer condicionar su propio desarrollo.

En realidad, la actual organización del CMI y su criterio de representación proporcional darían a la Iglesia católica un peso no deseado por ninguna de las partes. El número de representantes de cada Iglesia en el CMI es proporcional al número de fieles de la respectiva Iglesia. Según estadísticas de 2018, el total de cristianos en el mundo es de unos 2.300 millones, de los que los católicos sumaban 1.375.852.000 en 2021.

En el seno del CMI se han mantenido diálogos oficiales bilaterales entre diversas confesiones, así como diálogos multilaterales, que producen abundantes documentos. Estos, sin embargo, pese a ser oficiales, no implican la aceptación automática por parte de las iglesias participantes. Los acuerdos teológicos sobre cuestiones concretas, si fuera el caso, han de pasar por el proceso de *recepción* de cada Iglesia.

En la asamblea del CMI de 1998, se debatió la propuesta de crear un Foro de iglesias cristianas y de organizaciones ecuménicas, que reuniría a las iglesias que participan en el movimiento ecuménico, como las del CMI, la Iglesia católica, otras comunidades evangélicas, pentecostales e independientes, así como a otras organizaciones ecuménicas. Así nació el *Foro cristiano mundial* (FCM), el cual ofrece nuevas oportunidades para celebrar encuentros con el propósito de llegar a la unidad cristiana.

Sobre todo, promueve las relaciones entre iglesias cristianas y tradiciones que no han mantenidos diálogos anteriormente, y *no presenta decisiones vinculantes*. Es un foro de oración y diálogo ecuménico, sin mayores pretensiones: una buena expresión de la diversidad reconciliada.

4. El concilio Vaticano II

Al gran evento eclesial del concilio Vaticano II contribuyeron los movimientos bíblico, patrístico y litúrgico, junto con el ecuménico; pero sin duda el peso mayor lo tuvo la *renovación de la eclesiología,* que desde una consideración de la Iglesia como *societas perfecta* –con escaso espacio para el ecumenismo– evolucionó hasta contemplar la Iglesia como cuerpo místico de Cristo –en tiempos de Pío XII– y, después, como misterio de comunión.

La concepción de la Iglesia como *mystici corporis* identificaba la Iglesia con la Iglesia católica, dejando a las demás iglesias y comunidades fuera de la Esposa de Cristo.

En vísperas del concilio, *Juan XXIII*, quien había tenido experiencias ecuménicas sobre todo con los ortodoxos, creó en 1960 el Secretariado pontificio para la promoción de la unidad de los cristianos. Desde entonces empezó a cooperar con casi todas las confesiones eclesiales, así como con federaciones y alianzas mundiales de iglesias y a promover el diálogo ecuménico en sus distintos niveles.

> Su primer presidente fue el cardenal Augustin Bea (1960), al que siguieron los cardenales Johannes Willebrands (1969), Edward Cassidy (1989), Walter Kasper (2001) y, desde 2010, Kurt Koch. El Secretariado permaneció como organismo estable hasta 1989, año en el que, mediante la constitución apostólica *Pastor Bonus* sobre la curia romana, se transformó en el Pontificio consejo para la promoción de la Unidad de los cristianos (PCPUC). En 2022, el papa Francisco lo constituyó en dicasterio.

Si bien Juan XXIII fue el profeta del concilio, Pablo VI, a quien le tocó continuarlo, fue su verdadero arquitecto. El concilio Vaticano II representó *una clara evolución* en la actitud de la Iglesia católica respecto al ecumenismo. Recogió las sugerencias formuladas en distintos esquemas previos: el *De Ecclesia* y los correspondientes a ecumenismo e iglesias orientales. La sensibilidad ecuménica aparecía, pues, en varios frentes, que se refundirían después en un solo texto. Al principio incluía capítulos referentes a la libertad religiosa y a las religiones no cristianas, pero finalmente se vio mejor tratar esos temas en documentos aparte.

> Desde un punto de vista doctrinal, la constitución dogmática *Lumen gentium* marcó un cambio de rumbo decisivo para la eclesiología: la presentación del misterio de la Iglesia, contemplada como *comunión*, abrió definitivamente las puertas al movimiento ecuménico. De la comunión intratrinitaria se dirigía a la comunión eclesial, dando lugar a los ejes horizontal y vertical de esa misma comunión. La Iglesia es el misterio de unidad con Dios y con todos los hombres y mujeres.

La constitución conciliar reconoce a) la doctrina de los *elementa Ecclesiae:* el hecho de que "fuera del organismo visible [de la Iglesia] se encuentran distintos elementos de santificación y de verdad" (*ibid.*), en virtud de lo cual la Iglesia católica "se reconoce unida por muchas razones" (LG 15) a otras iglesias y comunidades eclesiales, afirmando sin dudar que "también en ellas el Espíritu con su virtud santificante obra por medio de dones y gracias" (*ibid.*).

En este documento, b) la subsistencia (*subsistit in*) de la Iglesia de Cristo en la actual Iglesia católica se concibe como una relación de identidad no excluyente (cf. LG 8/2), como veremos más adelante.

La doctrina de los *elementa Ecclesiae* (LG 15, UR 3) es, pues, complementaria de la del *subsistit in* (LG 8, UR 4) y c) del *defectus ordinis* (UR 22), en la que se expone la ausencia de la sucesión apostólica en las comunidades eclesiales surgidas a partir de la reforma protestante, que sí tienen el bautismo y la palabra de Dios.

> Por el sacramento del *bautismo* –se dice allí–, debidamente administrado según la institución del Señor, y recibido con la requerida disposición del alma, el hombre se incorpora realmente a Cristo crucificado y glorioso y se regenera para el consorcio de la vida divina [...] El bautismo, por tanto, constituye un *poderoso* vínculo sacramental de unidad entre todos los que con él se han regenerado.
>
> Sin embargo, el bautismo por sí mismo es tan sólo *un principio y un comienzo*, porque todo él se dirige a la consecución de la plenitud de la vida en Cristo. Así, pues, el bautismo se ordena a la profesión íntegra de la fe, a la plena incorporación, a los medios de salvación determinados por Cristo y, finalmente, a la íntegra incorporación en la comunión eucarística.
>
> Las comunidades eclesiales separadas, aunque les falte esa unidad plena con nosotros que dimana del bautismo, y aunque creamos que, sobre todo *por la carencia del sacramento del orden*, no han conservado la genuina e íntegra sustancia del misterio eucarístico.
>
> Sin embargo, mientras *conmemoran en la santa cena la muerte y la resurrección del Señor*, profesan que en la comunión de Cristo se representa la vida y esperan su glorioso advenimiento. Por consiguiente, la doctrina sobre la cena del Señor, sobre los demás sacramentos, sobre el culto y los misterios de la Iglesia deben ser objeto de diálogo.

De esta forma, los *parámetros* del diálogo ecuménico quedaban expuestos con total claridad. El Vaticano II enseñó que existen "elementos de eclesialidad" (*elementa Ecclesiae*) entre otros cristianos, pero a la vez que la Iglesia de Cristo "subsiste en" (*subsistit in*) la Iglesia católica (cfr. LG 8; UR 4.5), mientras las comunidades eclesiales no han conservado el sacramento del orden y, con él, la mayoría de los demás sacramentos. Sí tienen, insiste el texto conciliar, el bautismo y la palabra de Dios (cfr. UR 22). El decreto de ecumenismo describe también claramente la situación eclesiológica de los distintos cristianos que no están unidos a Roma.

> Por un lado, la Iglesia católica considera *verdaderas iglesias* (particulares) a las iglesias de oriente que no reconocen el primado –los ortodoxos–, a la vez que admira su tradición espiritual y litúrgica.

> Por otro lado, aprecia el amor a la Escritura de los *protestantes*, pero advierte que no mantienen en la actualidad la sucesión apostólica y, con ella, la mayoría de los sacramentos (cfr. UR 22). Por eso reciben el nombre de comunidades eclesiales. Así, en este caso, habría que resolver no solo lo que se refiere al primado –como ocurre con los ortodoxos–, sino también al episcopado.

Esta premisa eclesiológica hizo posible la publicación, durante el mismo concilio, del decreto *Unitatis redintegratio*, que en su día algunos estimaron erróneamente impregnado de un relativismo eclesiológico. Este documento puede considerarse, por parte católica, la piedra miliar del ecumenismo y, de hecho, constituye el primer documento en la historia de los concilios dedicado solo al ecumenismo.

> Significativamente, para apreciar la sintonía eclesiológica entre ambos textos, el decreto lleva la misma fecha de aprobación que la *Lumen gentium* (21.11.1964) y, como dijo Pablo VI ese día, "tal doctrina [la del esquema *De Ecclesia*] ha de ser integrada en las declaraciones contenidas en el esquema *De oecumenismo*".

La constitución dogmática *Lumen gentium* sobre la Iglesia constituye así el *marco* perfecto del decreto de ecumenismo. Era necesario completar la eclesiología cristológica del cuerpo de Cristo –la eclesiología eucarística de comunión– con la pneumatológica de la Iglesia, entendida como templo del Espíritu, y a las que a su vez completa una eclesiología del pueblo de Dios Padre. Las tres eclesiologías son inseparables, pues Cristo está unido al Espíritu y al Padre. En resumen, para el concilio existe una continuidad entre Cristo, el Espíritu, la eucaristía, la Iglesia y los apóstoles, tal como se desprende de los relatos neotestamentarios (cf. LG I: 3-7 y UR 2).

> Como documento perteneciente al magisterio solemne, el decreto *Unitatis redintegratio* es *teológicamente vinculante*, si bien de un modo diferenciado y vinculado, como sucede con otros documentos conciliares. Constituye, por tanto, un texto de valor doctrinal, y no solo pastoral y disciplinar.

Tras una exposición sintética sobre la concepción católica de la unidad de la Iglesia, el documento –en la línea de la *Lumen gentium*– afirma: "quienes creen en Cristo y han recibido debidamente el bautismo están en comunión, si bien imperfecta, con la Iglesia católica" (UR 3/1). Es decir, *son cristianos y forman parte de la Iglesia*, aunque no estén en plena comunión con la Iglesia católica. A partir de esta relativa comunión, muy distinta de la situación de los no cristianos, es desde donde hay que trabajar para alcanzar una plena comunión.

> La integración con la doctrina de la LG aludida por Pablo VI, ha de extenderse también al decreto *Orientalium Ecclesiarum*, sobre las iglesias orientales católicas, aprobado igualmente en la misma fecha. En este caso, no nos encontramos ante el ecumenismo, pues –como se dijo– estas iglesias están plenamente unidas a Roma y son totalmente católicos, si bien con una liturgia y una disciplina distinta a la de la Iglesia latina.

> Hay que mencionar, además, por sus indudables repercusiones en ámbito ecuménico, otras dos declaraciones promovidas por el Secretariado para la unidad de los cristianos durante el evento conciliar: *Dignitatis humanae*, sobre la libertad religiosa, y *Nostra aetate*, sobre las religiones no cristianas, aprobadas durante el último periodo conciliar, en 1965, y que constituyen el fundamento del actual diálogo interreligioso con las religiones no cristianas.

La primera encíclica

Junto a los deseos ecuménicos de Juan XXIII y Pablo VI, estaban los sueños del primer papa eslavo de la Iglesia. Fue la primera encíclica sobre el ecumenismo en su historia, de la que celebramos en 2020 su 25º aniversario. En la encíclica *Ut unum sint* (UUS), Juan Pablo II señalaba la centralidad de la tarea ecuménica con estas palabras: "el movimiento a favor de la unidad de los cristianos, no es un mero 'apéndice' que se añade a la actividad tradicional de la Iglesia. Al contrario, pertenece orgánicamente a su vida y a su acción" (n. 20). Como su antecesor, Benedicto XVI quiso también recordar en 2006 la importancia de esta dimensión esencial de la vida de la Iglesia.

> Renuevo [...] mi firme voluntad, manifestada al principio de mi pontificado, de asumir como compromiso prioritario el trabajar, sin ahorrar energías, en *el restablecimiento de la unidad plena y visible* de todos los seguidores de Cristo.

1. Principios católicos

La *misión de la Iglesia* es edificar la unidad de fe y de comunión entre todos los hombres y mujeres que forman parte de ella. El papa Francisco no hizo más que intensificar el paso en esta misma dirección. "No se debe olvidar –recordaba Juan Pablo II– que el Señor pidió al Padre la unidad de sus discípulos, para que ésta fuera testimonio de su misión" (n. 23).

> La división contradice la *voluntad de Cristo* y constituye una seria dificultad para la evangelización del "mundo entero" (Mc 16, 15), afirmará la declaración *Dominus Iesus*, n. 7.

En concreto, "la falta de unidad entre los cristianos es ciertamente una *herida* para la Iglesia, no en el sentido de quedar privada de su unidad, sino en cuanto obstáculo para la realización plena de su universalidad en la historia".

La encíclica sobre el ecumenismo *Ut unum sint* vendría a ser una lectura actualizada del decreto *Unitatis redintegratio* del concilio Vaticano II en los umbrales del tercer milenio.

En estas líneas, recorreremos el texto de la encíclica de Juan Pablo II *Ut unum sint* (1995), para ver la perfecta continuidad con el decreto conciliar *Unitatis redintegratio* (1964). Seguimos pues los títulos de los diferentes capítulos de este. Como se sabe, el concilio no quiso hablar de un "ecumenismo católico", sino de unos *"principios católicos del ecumenismo"*, tal como figura en el capítulo primero del decreto de ecumenismo *Unitatis redintegratio* del Vaticano II.

Al indicar los principios católicos del ecumenismo –escribía Juan Pablo II–, el decreto *Unitatis redintegratio* enlaza ante todo con la enseñanza sobre la Iglesia de la constitución *Lumen gentium* en el capítulo que trata sobre el pueblo de Dios.

Al mismo tiempo, tiene presente lo que se afirma en la declaración conciliar *Dignitatis humanae* sobre la libertad religiosa (n. 8).

Establecidas estas premisas eclesiológicas y antropológicas, procede a recordar los principales principios. Como punto de partida estaba a) la *"unidad y unicidad de la Iglesia de Cristo"*, junto con el origen sobrenatural de la Iglesia. El fundador y el fundamento de esta son divinos, por lo que la Iglesia no es una mera agrupación humana con una dimensión meramente horizontal.

Los b) *vínculos* que unen a unos cristianos con otros son también sobrenaturales, como los mencionados de la fe, los sacramentos y el ministerio.

Por eso c) los *principios eclesiológicos* anteriormente expuestos de los *elementa Ecclesiae* (UR 4.5), del *subsistit in* (LG 8) y del *defectus ordinis* (UR 22), emanados del Vaticano II, siguen teniendo su vigencia, pues la dimensión visible o *sacramental* de la Iglesia es necesaria, por corresponder al designio de su Fundador.

Los *principios* c) *cristológico* (la unidad y unicidad del cuerpo de Cristo) y d) *pneumatológico* (el Espíritu de unidad como alma del cuerpo de Cristo) resultan indispensables e inseparables para la recta comprensión de la Iglesia:

En efecto –dice en el número 9–, la unidad dada por el *Espíritu Santo* no consiste simplemente en el encontrarse juntas unas personas que se suman unas a otras.

Es una unidad constituida por los *vínculos* de la profesión de *la fe, de los sacramentos y de la comunión jerárquica.*

Los fieles son uno porque, en el *Espíritu*, están en la comunión del Hijo y, en Él, en su comunión con el Padre: "Y nosotros estamos en comunión con el Padre y con su Hijo, Jesucristo" (1 Jn 1, 3) (n. 9).

2. El "alma del ecumenismo"

El capítulo segundo de la *Unitatis redintegratio* versa sobre la dimensión práctica del ecumenismo. Allí habla de un ecumenismo "institucional" (n. 6), un ecumenismo "espiritual" (nn. 7-8) y un ecumenismo "teológico" (nn. 9-11), de los que surge una "colaboración ecuménica" (n. 12). Son los mencionados ecumenismos "de la cabeza, del corazón y de las manos", complementarios entre sí e igualmente necesarios. Como condición previa, ha de darse una *renovación de la Iglesia* en cuanto institución también terrena y humana. Pero no se trata sin más de una purificación de la memoria colectiva, sino de una reforma interior de cada cristiano: de una verdadera *conversión personal*, seguía diciendo Juan Pablo II.

El Espíritu los invita a un serio examen de conciencia, continúa más adelante. La Iglesia católica debe entrar en lo que se podría llamar "diálogo de conversión", en donde tiene su fundamento interior el diálogo ecuménico.

En ese diálogo, que se realiza ante Dios, cada uno debe reconocer las propias faltas, confesar sus culpas, y ponerse de nuevo en las manos de Aquel que es el Intercesor ante el Padre, Jesucristo (n. 82).

La centralidad de la conversión auspiciada por el Vaticano II es recordada de modo insistente en la primera encíclica sobre el ecumenismo. "Esto se refiere, de modo particular, al proceso iniciado por el concilio Vaticano II, incluyendo en la renovación la tarea ecuménica de unir a los cristianos divididos entre sí. "*No hay verdadero ecumenismo sin conversión interior*" (n. 15), concluye citando el n. 7 del decreto *Unitatis redintegratio*. De allí surgirá una reconciliación institucional, no al revés.

El "*diálogo de conversión*" de cada comunidad con el Padre, sin indulgencias consigo misma, es el fundamento de unas relaciones fraternas diversas de un mero entendimiento cordial o de una convivencia solo exterior (n. 82).

La reconciliación con Dios puede llevar a la reconciliación con los demás. El concilio llama así tanto a la conversión personal como comunitaria. "Cada uno debe pues convertirse más radicalmente al evangelio y, sin perder nunca de vista el designio de Dios, debe cambiar su mirada" (n. 15). Por aquí empezará la conversión de cada comunidad, tal como se expresaba UR 6. La "conversión del corazón" constituye pues una premisa.

Así, junto a una valoración necesariamente positiva del movimiento ecuménico entendido según estos principios católicos, Juan Pablo II invitaba a todos los cristianos a una *"necesaria purificación de la memoria histórica"* y a "reconsiderar juntos su doloroso pasado" para "reconocer juntos, con sincera y total objetividad, los errores cometidos y los factores contingentes que intervinieron en el origen de sus lamentables separaciones" (n. 2). Al ecumenismo de manos, cabeza y corazón, se une ahora el de la lengua: hablar siempre bien de los demás. O callar.

Así, los cristianos que nacen en estos momentos en esas iglesias y comunidades eclesiales –como subrayó el decreto *Unitatis redintegratio* (n. 3)– no tienen culpa de la separación pasada y son amados por la Iglesia y reconocidos como hermanos. Sí que pudo haberla en sus orígenes, por tanto, y esto requerirá un necesario proceso de purificación. Con esto hemos entrado de lleno en el "ecumenismo espiritual", el llamado *"ecumenismo de la oración"* o "del corazón". En el n. 8 del decreto de ecumenismo, se habla de "la oración en común". Juan Pablo II no se olvida del "alma del ecumenismo", como afirma este mismo número. El n. 21 de la encíclica *Ut unum sint* habla de la "primacía de la oración", citando así de nuevo el n. 8 del decreto de ecumenismo del Vaticano II; y tras esto, añade:

> Se avanza en el camino que lleva a la conversión de los corazones según el *amor* que se tenga a Dios y, al mismo tiempo, a los hermanos: a todos los hermanos, incluso a los que no están en plena comunión con nosotros. [...]
>
> El amor es la corriente profundísima que da vida e infunde vigor al proceso hacia la unidad. Este amor halla *su expresión más plena en la oración común.*

La oración con otros cristianos puede llevar a crecer en comunión en toda la Iglesia, y lleva a ver las cosas de un modo distinto. *"La comunión en la oración lleva a mirar con ojos nuevos a la Iglesia y al cristianismo"*, concluye dos números después. Tras referirse al octavario por la unidad de los cristianos, aludía también san Juan Pablo II, por ejemplo, a distintos encuentros de oración con el arzobispo de Canterbury, con obispos luteranos y en la sede del Consejo mundial de las iglesias, en Ginebra. Con el patriarca ecuménico de Constantinopla, el papa polaco hablaba de "mi participación en la liturgia eucarística", lo cual denota un tono distinto. Siguen, por tanto, vigentes los principios sobre la *communicatio in sacris*, expuestos en UR 8 y 15, y recordados explícitamente en n. 46.

> Ciertamente, a causa de las divergencias relativas a la fe, no es posible todavía concelebrar la misma liturgia eucarística. Y, sin embargo, tenemos el ardiente deseo de celebrar juntos la única eucaristía del Señor, y este deseo es ya una alabanza común, una misma imploración (n. 45).

Como señala en fin la *Unitatis redintegratio* en su epígrafe sobre la "*santidad individual y comunitaria*" (n. 4, § 6), Juan Pablo II recordaba también su necesidad en las personas, las comunidades y las instituciones como secreto del movimiento ecuménico. En primer lugar, está el llamado "ecumenismo de los mártires", "más numerosos de lo que se piensa". Estas situaciones han sido siempre fecundas en frutos ecuménicos. El recuerdo de los mártires de Uganda o de los veintiún coptos martirizados en fecha reciente pueden reforzar esos deseos de unidad.

> Si se puede *morir por la fe*, esto demuestra que se puede alcanzar la meta cuando se trata de otras formas de aquella misma exigencia. Ya he constatado, y con alegría, cómo la comunión, imperfecta pero real, se mantiene y crece en muchos niveles de la vida eclesial (n. 84).

Pero será, sobre todo, el testimonio de la santidad lo que mueve a esa unidad querida por Cristo y obrada por su Espíritu. "En la irradiación que emana del 'patrimonio de los santos' pertenecientes a todas las comunidades, el 'diálogo de conversión' hacia la unidad plena y visible aparece entonces bajo una luz de esperanza" (ibid.). Los santos son también los mejores ecumenistas, quienes buscan siempre la unidad en la única Iglesia de Jesucristo. Por último y como consecuencia de todo lo anterior –conversión y oración–, surgirá la necesaria "colaboración práctica", que ya auguraba el decreto UR 12. Es lo que llamábamos "ecumenismo de las manos". Tras la conversión y la contemplación, viene la acción.

> Además, la *cooperación ecuménica* es una verdadera escuela de ecumenismo, es un camino dinámico hacia la unidad. [...] A los ojos del mundo la cooperación entre los cristianos asume las dimensiones del común testimonio cristiano y llega a ser instrumento de evangelización en beneficio de unos y otros (n. 40).

El testimonio cristiano común, ofrecido por medio de la solidaridad y la cooperación, puede ser un privilegiado agente evangelizador. Eso sí, hace falta que estas iniciativas en común estén uniformadas por el verdadero *espíritu cristiano*: "Una cooperación así fundada sobre la fe común, no solo es rica por la comunión fraterna, sino que es una epifanía del mismo Cristo" (ibid.).

3. El diálogo teológico

En cuanto al *"ecumenismo teológico"* o "de la cabeza", Juan Pablo II recordaba la "importancia fundamental de la doctrina". Hemos de ver qué nos une y qué nos separa en nuestra fe, buscando así juntos la plenitud de la verdad revelada.

> No se trata en este contexto de modificar el depósito de la fe, de cambiar el significado de los dogmas, de suprimir en ellos palabras esenciales, de adaptar la verdad a los gustos de una época, de quitar ciertos artículos del credo con el falso pretexto de que ya no son comprensibles hoy.
>
> La unidad querida por Dios solo se puede realizar en la *adhesión común al contenido íntegro de la fe revelada*. En materia de fe, una solución de compromiso está en contradicción con Dios que es la Verdad. En el cuerpo de Cristo que es "camino, verdad y vida" (Jn 14, 6), ¿quién consideraría legítima una reconciliación lograda a costa de la verdad? (n. 18).

La verdad, junto con el amor, constituyen las claves del éxito en el diálogo ecuménico. "Sin embargo –añade un número después–, la doctrina debe ser *presentada de un modo que sea comprensible* para aquellos a quienes Dios la destina". La presentación de la doctrina cristiana en su integridad ha de ser clara, pero no por eso polémica. A su vez, ha de ser también asequible a los cristianos que tengan unos ciertos presupuestos doctrinales, sin traicionar por esto la integridad de la doctrina. Así nacerá el necesario diálogo.

> Si la *oración* es el "alma" de la renovación ecuménica y de la aspiración a la unidad; sobre ella se fundamenta y en ella encuentra su fuerza todo lo que el concilio define como "diálogo" (n. 28).

Este diálogo gira en torno a los conceptos de verdad y amor, que se presentarán inseparables en todo trabajo ecuménico, que se desprenden de la misma voluntad fundacional de Cristo (cfr. n. 29). En concreto, la encíclica de Juan Pablo II recuerda los *principios eclesiológicos* sobre "iglesias y comunidades eclesiales" expuestos en el capítulo tercero de la *Unitatis redintegratio*. En primer lugar, habla del diálogo con otras iglesias y comunidades eclesiales en occidente (cfr. nn. 64-70) y, tras aludir a las convergencias y las divergencias con ellas (cfr. UR 9), establece un diagnóstico realista de la situación:

El concilio Vaticano II no pretende hacer la "descripción" del cristianismo posterior a la reforma, ya que "estas iglesias y comunidades eclesiales *difieren* mucho, no solo de nosotros, sino también entre sí", y esto "por la diversidad de su origen, doctrina y vida espiritual".

Además, el mismo decreto observa cómo el *movimiento ecuménico* y el deseo de paz con la Iglesia católica no ha penetrado aún en todas partes (n. 66; cfr. UR 19).

El diálogo ecuménico se presenta así con sus matices y complejidad. Así, tras referirse al tesoro común del bautismo y del amor a la Escritura –si bien con una comprensión distinta en la relación de esta con la Iglesia– (cfr. UR 21-22, UUS n. 66), Juan Pablo II recuerda también que "han surgido *divergencias* doctrinales e históricas del tiempo de la reforma a propósito de la Iglesia, de los sacramentos y del ministerio ordenado" (n. 67). Recuerda así la doctrina del *defectus ordinis* expuesta en UR 22, por la que estas comunidades eclesiales carecerían de la sucesión apostólica, del verdadero ministerio y, por tanto, de la mayoría de los sacramentos.

Permanecen, sin embargo, en común *el bautismo y la palabra de Dios*, por lo que se podría decir que la unidad está incoada, pero no ha llegado a la plenitud. "En esta amplia materia –concluye– hay un gran espacio de diálogo sobre los principios morales del evangelio y sus aplicaciones" (n. 68).

Quedan además por resolver unos cuantos *problemas teológicos*: el bautismo (en aquellas comunidades que lo hayan perdido también), la eucaristía, el ministerio ordenado, la sacramentalidad y la autoridad de la Iglesia, la sucesión apostólica.

En fin, termina apelando una vez más al "*ecumenismo espiritual*" y a la necesidad de la oración como fundamento de cualquier ecumenismo posible.

De la misma manera la encíclica *Ut unum sint* recuerda que las comunidades surgidas a partir de las primeras disputas cristológicas y del Cisma de oriente –las llamadas *antiguas iglesias orientales*–, al conservar la sucesión apostólica, deben ser consideradas como verdaderas iglesias particulares. Tras mencionar distintos acuerdos ecuménicos alcanzados en los últimos años (patriarcado copto ortodoxo, patriarcado de Antioquía, patriarcado asirio de oriente, patriarcado ecuménico de Constantinopla: cfr. nn. 50-54, 62), alude a la necesidad de mantener el principio del primado petrino como ministerio para la unidad y el amor.

La Iglesia católica, tanto en su praxis como en sus documentos oficiales, sostiene que la comunión de las iglesias particulares con la Iglesia de *Roma*, y de sus obispos con el obispo de Roma, es un requisito esencial –en el designio de Dios– para la comunión plena y visible (n. 97).

De esta plena comunión se desprende también la mayor eficacia en el cumplimiento de la misión encomendada por Cristo a su Iglesia (cfr. n. 98). A la vez de que clamaba para que Europa y el mundo entero respiraran con los "dos pulmones" de oriente y occidente (cfr. n. 54), Juan Pablo II insistía en la importancia del *"ministerio de unidad" del obispo de Roma* (cfr. LG 23). Tras constatar que este podría ser en algún caso "una dificultad para la mayoría de los demás cristianos" (n. 88), propone un estudio detenido de la función del sucesor de Pedro en la comunión de la Iglesia, a nivel escriturístico y teológico (cfr. nn. 90-96).

Todas las iglesias están en comunión plena y visible porque todos los pastores están en comunión con Pedro, y así en la unidad de Cristo.

El obispo de Roma, con el poder y la autoridad sin los cuales esta función sería ilusoria, debe asegurar la comunión de todas las iglesias (n. 94).

La *reforma del ministerio petrino*, para que se viva tal como fue en el primer milenio de la Iglesia cristiana, podría ser un buen punto de encuentro ecuménico. *Ubi Petrus, ibi plena Ecclesia*. El ministerio del sucesor de Pedro constituye de este modo una garantía de plena comunión en la Iglesia de Cristo, recordaba san Juan Pablo II.

En lo que se refiere a la relación con los demás cristianos, cabe considerar otra tarea, que es –con palabras de *Unitatis redintegratio*– "el trabajo de preparación y de reconciliación de las personas singulares que desean la plena comunión católica" (UR 4), es decir, la atención a aquellos cristianos de otras confesiones que *desean ser católicos*, siguiendo su propia conciencia. Es necesario distinguir, como hace el decreto conciliar, la actividad ecuménica y la atención a estas situaciones particulares.

La primera –el *ecumenismo*– se orienta a la unión plena y visible de las iglesias y comunidades eclesiales como tales.

En segundo lugar, hay también personas concretas que, en conciencia, se plantean libremente la posibilidad de *hacerse católicas*.

Las *dos tareas* se fundamentan en el deseo de colaborar con el designio de Dios y, lejos de oponerse, están íntimamente compenetradas (cfr. ibid.). De esta forma, el ecumenismo seguiría siendo perfectamente compatible con la incorporación plena de otros cristianos a la Iglesia católica (cfr. UR 22; UUS 66).

4. Magisterio posterior

Los textos magisteriales, se dirigen directamente a los católicos, aunque admitan también su lectura por parte no católica. La Iglesia católica está también comprometida con el ecumenismo a través de los *documentos interconfesionales de diálogo*, de los que ya se ha hablado a propósito de las distintas confesiones cristianas y hablaremos aún más adelante. Subrayemos ahora sin más el hecho de que, desde el último concilio a nuestros días, la Iglesia católica se ha implicado en primera persona en este diálogo doctrinal, con abundantes frutos bilaterales.

Con todo, ha de tomarse en consideración que, en este momento, superados los años de ingenuo optimismo ecuménico característico del inmediato posconcilio, estamos atravesando un "invierno ecuménico". En algunos ambientes "está difundida la convicción de que las *diferencias tradicionales* son hoy irrelevantes para la mayoría de la gente y que sería posible pasar sin más por encima".

> Años después, en 1997 apareció el documento *Ecumenismo y formación pastoral*, publicado por el entonces Pontificio consejo. Hay también otros textos, emanados por la entonces Congregación para la doctrina de la fe, referentes a aspectos puntuales del ecumenismo: la declaración *Mysterium Ecclesiae* (24.6.1973); la carta *Communionis notio*, sobre algunos aspectos de la Iglesia entendida como comunión (28.5.1992); la *Nota sobre la expresión "iglesias hermanas"* (30.6.2000); la declaración *Dominus Iesus*, sobre la unicidad y la unicidad salvífica de Jesucristo y de la Iglesia (6.8.2000); y las *Respuestas a algunas preguntas acerca de la doctrina sobre la Iglesia* (29.6.2007).

De esta actitud ha nacido lo que el cardenal Kasper llama el "ecumenismo salvaje", generador, como reacción, de un nuevo confesionalismo, es decir, de una actitud polémica respecto a las demás confesiones cristianas y de un rechazo de todo diálogo ecuménico. "Se ha considerado al movimiento ecuménico –afirmaba– responsable del desarrollo del relativismo y de la indiferencia sobre las cuestiones de la fe. En realidad, un sano ecumenismo, como el definido por el concilio Vaticano II, es la víctima más que el origen de esta difundida apatía". Ahora bien, tras el invierno viene la primavera. Es preciso recuperar el *sano ecumenismo* del concilio Vaticano II, volviendo al estudio profundo de los documentos pertinentes.

> Por eso, sin ignorar el magisterio posterior y la teología posconciliar, se dará preponderancia a la *originaria doctrina conciliar* contenidos en LG y UR, y recordados en UUS, para identificar así con precisión los principios teológicos básicos que deben regir la actitud y la actividad ecuménicas de la Iglesia católica.

La tarea ecuménica de Benedicto XVI

El papa alemán comparaba el camino ecuménico con un largo ascenso a una montaña, cuya principal virtud es *la paciencia*. Paso a paso, caminamos lenta y tal vez esforzadamente hacia la unidad de los cristianos. Pero poco a poco el paisaje y el panorama van mejorando. Joseph Ratzinger tuvo siempre una gran vocación ecuménica, ya desde su actividad como profesor de teología. Durante su pontificado, Benedicto XVI promovió la unidad en la medida de sus posibilidades, sabiendo que esta solo es un don del Espíritu.

> Realizó así una serie de *acercamientos* con los ortodoxos, con la entonces Iglesia patriótica china, los lefebvrianos, los anglicanos y los luteranos, así como con las demás confesiones cristianas y denominaciones protestantes con las que la Iglesia católica mantiene un diálogo oficial. Los resultados están por ver y la historia nos ayudará a entender la importancia de estos pequeños pasos.

1. Con los ortodoxos

El papa bávaro viajó a *Turquía* en 2006 para promover la unidad con los ortodoxos, en medio de la polémica con los musulmanes por el discurso de Ratisbona. Tal vez esta trajo un movimiento de acercamiento con las iglesias hermanas de la ortodoxia, amenazadas por el fundamentalismo islámico. En el avión que le llevaba hacia Ankara, Benedicto XVI había hablado también de que se trataba de "un momento muy importante en el camino hacia la unidad de los cristianos".

El patriarca *Bartolomé I*, el *primus inter pares* de la ortodoxia con trescientos millones de fieles en el mundo, recibió a Benedicto XVI el 29 y el 30 de noviembre en el patriarcado ecuménico. El sucesor de Pedro iba a encontrarse con el de Andrés, ambos martirizados en la cruz. "Estamos esperando la visita del papa con amor fraternal y con una gran expectativa", había dicho unos días antes el patriarca ecuménico de Constantinopla.

> El último deseo era poder reunirse con los ortodoxos en torno a la eucaristía. En la *Declaración conjunta* que firmaron tras la Divina liturgia ortodoxa a la que el obispo de Roma tan solo asistió, Bartolomé I y Benedicto XVI se comprometían a defender juntos la paz y la justicia, así como a combatir el olvido de Dios en el mundo actual y denunciar los atentados contra el medio ambiente.

> Las bendiciones finales que Benedicto XVI y el patriarca ecuménico Bartolomé I impartieron a los fieles desde un balcón del patriarcado de Constantinopla concluyeron con un *gesto inesperado*: Bartolomé I tomó la mano del papa y la levantó como si fuera el vencedor de una competición deportiva. Los dos sucesores de los apóstoles Pedro y Andrés sonreían a gusto, y el público allí presente aplaudió con entusiasmo.

En fin, ortodoxos y católicos firmaron en 2008 un importante acuerdo que acerca sus posturas respecto al problema más controvertido que existe entre ambas confesiones: la dimensión universal de la Iglesia. Fue publicado el documento final de la asamblea plenaria de la Comisión mixta internacional para el diálogo teológico entre la Iglesia católica y la ortodoxa, celebrado del 8 al 14 de octubre de 2007 en *Rávena* (Italia), recibiendo el título de esta ciudad.

La asamblea estaba presidida por el cardenal Walter Kasper, presidente del Pontificio consejo para la promoción de la unidad entre los cristianos y por Ioannis, metropolita de Pérgamo, perteneciente al patriarcado ecuménico de Constantinopla. El documento constaba de cuarenta y seis párrafos y fue publicado simultáneamente en Roma, Atenas, Estambul y Chipre, convirtiéndose en un acontecimiento casi global. Su título: *Consecuencias eclesiológicas y canónicas de la naturaleza sacramental de la Iglesia*.

> El cardenal Kasper comentó que "el paso importante es que –por primera vez– las iglesias ortodoxas han dicho que existe un nivel universal de la Iglesia" y que "existe un primado: según la praxis de la Iglesia antigua, el primer obispo es el *obispo de Roma*".

> Es decir, el papa es considerado el *protós*, el primero entre los patriarcas de todo el mundo, y Roma –según la expresión de Ignacio de Antioquía– la "Iglesia que preside en la caridad". En ella estaría el centro neurálgico y cordial de la cristiandad.

Pero no hemos hablado –añadía Kasper– de las *prerrogativas* del obispo de Roma; solo hemos indicado la praxis para el debate futuro. Este documento es un modesto primer paso y como tal ofrece ciertas esperanzas, pero no podemos exagerar su importancia.

El cardenal alemán se mostraba prudente y señalaba que "la próxima vez tendremos que volver a hablar sobre el papel del obispo de Roma en la Iglesia universal en el primer milenio; después tendremos que afrontar también el segundo milenio –el concilio Vaticano I y el Vaticano II–; y esto no será fácil. *El camino es muy largo y difícil*".

2. Con los católicos chinos

Aunque no se trate propiamente de ecumenismo pues se trata de un diálogo intracatólico, también aquí hay un esfuerzo en la búsqueda de la unidad visible. Quedaban todavía pendientes toda una serie de retos: albergaba también Benedicto XVI otro de los sueños que no se hicieron realidad para su predecesor: atravesar el llamado *Muro de Bambú*, poder cruzar la Gran Muralla china, casi infranqueable en este momento para quien quisiera predicar a Jesucristo. Una larga historia de detenciones y persecuciones avalan esta afirmación.

El 27 mayo de 2007, solemnidad de pentecostés, Benedicto XVI firmaba una *carta* dirigida a los católicos chinos, en la que los llamaba a la comunión, a pesar de las circunstancias dolorosas que habían pasado durante décadas. La China de Mao había sometido a la llamada "Iglesia oficial" a una obediencia sumisa, al obligarle incluso a separarse de modo formal de Roma. El régimen comunista persiguió al mismo tiempo a la llamada "Iglesia clandestina o perseguida", mientras la Iglesia patriótica china había mantenido en varias ocasiones una secreta unión al romano pontífice.

Desde los años ochenta del siglo pasado, circulaba una carta en la que se decía que no se podían recibir sacramentos de un sacerdote de esta Iglesia oficial, y los pecados no eran perdonados. *Juan Pablo II* recordó que, en caso de necesidad, podían ser recibidos, por lo que se podía practicar la *communicatio in sacris* con ellos.

En 2000 el papa polaco había ordenado doce obispos chinos, a lo que el gobierno del país respondió ordenando ilegítimamente a otros cinco. La Iglesia unida a Roma –clandestina y con vida tan solo en las catacumbas– era continuamente *perseguida*: sus obispos, sacerdotes y numerosos laicos visitaban con frecuencia las cárceles del régimen comunista.

En esta ocasión, Benedicto XVI llamó a todos los católicos –y no solo a la Iglesia perseguida– a *la comunión con Roma y a la unidad entre ellos,* los católicos en China. Por un lado, pedía *libertad religiosa* para la Iglesia que debía vivir en la clandestinidad; por otro, recordaba que los sacramentos de la Iglesia patriótica son válidos, aunque hasta ese momento no eran lícitos.

Al hacer referencia a los modernos fenómenos de la globalización, la modernidad y el ateísmo, el papa destacaba el creciente interés de los *jóvenes chinos* por la espiritualidad, especialmente de origen cristiano. El futuro de la Iglesia en China resultaba pues inmenso, con los más de quince millones de católicos que existen en la actualidad. "Solo un teólogo lleno de sabiduría –concluía Joseph Zen, cardenal de Hong Kong– y de un padre que se conmueve por la suerte de sus hijos podría escribir algo así". Esta unidad solo se puede alcanzar por medio de la mutua reconciliación:

> La *purificación* de la memoria, el perdón de los que han cometido errores, el olvidar las injusticias sufridas en la propia carne y el deseo de devolver la paz a los corazones atribulados, todo esto realizado en el nombre de Cristo crucificado y resucitado, pueden exigir cambiar los propios puntos de vista, que han surgido en medio del miedo y de duras experiencias.

Solo así podrá renacer una Iglesia fuerte –recordaba Benedicto XVI–, y el nombre de Cristo dejará de ser de este modo desconocido en China. La carta fue prohibida en *internet,* pero a la vez el *via crucis* del año 2008 estaba escrito por el cardenal chino Joseph Zen Ze-Kim: ante unas imágenes que representaban la pasión Cristo con personajes con los ojos rasgados, la Iglesia perseguida en China levantó la voz. Mientras las autoridades comunistas de Pekín reprimían también un levantamiento en el Tíbet, incluso con sangre. Un viacrucis que se prolongará también durante el pontificado del papa Francisco, quien también luchará denodadamente por la unidad de la Iglesia en China.

3. Con los lefebvrianos

"El tradicionalismo no es una componente mayoritaria en *Francia,* pero representa una identidad fuerte y en contraposición a la Iglesia de Roma y al 'mundo', que termina por atraer cierto número de fieles", escribía Andrea Riccardi. En la relación de los católicos con los lefebvrianos, había que esperar de momento.

> Los lefebvrianos habían dicho *"no"* a la oferta de la Santa Sede para volver a la Iglesia católica: aunque no se negaban a continuar con el diá-

logo, los miembros de la Fraternidad sacerdotal san Pío X no aceptaron las cinco condiciones que el Vaticano les propuso para volver a la plena comunión con Roma (incluida la totalidad de la doctrina del Vaticano II), pues contenían –a su modo de ver– un "carácter vago". Esta comunidad exigía además a Benedicto XVI que retirara la excomunión que pesa sobre los obispos de la Fraternidad san Pío X, cosa que hizo poco antes de una encendida polémica por el caso Williamson.

Roma y Ecône, la sede del seminario de la Fraternidad sacerdotal, no hablaban el mismo lenguaje, pues surgían ambigüedades, incomprensiones y malentendidos. Una análoga suma de circunstancias había hecho estallar en los meses pasados una polémica similar: cuando Benedicto XVI liberalizó para todos los católicos el *rito tridentino* de la misa, muchos judíos protestaron porque había en dicho rito una oración considerada por ellos inaceptable y ofensiva, en cuanto apunta a su "conversión".

El papa reescribió el texto de la oración sin alusiones ofensivas, pero algunos *judíos* rechazaron también la nueva fórmula: no les parecía justo el final "concede propicio que, al entrar en la plenitud de los pueblos en tu Iglesia, todo Israel se salve". La razón de fondo de esta polémica está en la teología antijudía que distingue en general a los lefebvrianos. En el bando contrario, según muchos judíos, la Iglesia católica hace muy poco para contrarrestar este antisemitismo y exigir el arrepentimiento de sus responsables.

En efecto, los *"magnánimos gestos de paz"* que Benedicto XVI llevó a cabo con frecuencia en dirección a los lefebvrianos se han sido seguido hasta ahora con algún paso significativo de arrepentimiento y de acercamiento por parte de estos.

A principios de febrero de 2012, el superior de los lefebvrianos afirmaba que estaba dispuesto a aceptar el protocolo vaticano, siempre y cuando se discutieran las habituales interpretaciones de las *enseñanzas del Vaticano II* sobre ecumenismo y la libertad religiosa. Poco después, en una nota emitida por la Oficina de información de a Santa Sede el 16 de marzo de 2012:

La respuesta de la Fraternidad sacerdotal de san Pío X con respecto al *Preámbulo doctrinal* [...] recibida en enero de 2012, fue sometida al examen de la Congregación para la doctrina de la fe y, sucesivamente, al juicio del santo padre.

En cumplimiento de la decisión del papa Benedicto XVI, en una carta entregada hoy se ha comunicado al obispo Fellay la evaluación de su respuesta. En la carta se observa que la posición por él expresada *no es suficiente* para superar los problemas doctrinales que subyacen a la fractura entre la Santa Sede y dicha Fraternidad.

La *cuestión* sigue, pues, *abierta* y debe continuarse el diálogo en cuestiones teológicas, en concreto sobre ecumenismo y la libertad religiosa, tal como fue esta doctrina expuesta en el Vaticano II. El diálogo teológico debe pues continuar en la verdad, la caridad y la esperanza.

4. Con los anglicanos

"Los anglocatólicos cruzan el Tíber"; "El Vaticano da el mayor paso de su historia para acoger a los anglicanos", titulaban los periódicos. "Por los caminos de Newman y Blair" aludía a las anteriores incorporaciones a la Iglesia católica del intelectual y del político, en los siglos XIX y XX, respectivamente. Los anglicanos siempre han podido, a título individual, entrar en plena comunión con la Iglesia de Roma. Pero con el documento que aprobó Benedicto XVI, la plena comunión con Roma no solo será más fácil, sino que iba a permitir que grupos enteros de anglicanos entren a formar parte del catolicismo.

El *acuerdo* fue anunciado el día 20 de octubre simultáneamente en Roma y en Londres por el cardenal William Levada y por el primado anglicano Rowan Williams, acompañado del arzobispo católico de Londres, Vincent Nichols, con quien publicó un comunicado conjunto.

El 9 de noviembre de 2009 se publicaba la Constitución apostólica *Anglicanorum coetibus*, en la que se regulaba la posible incorporación de grupos de anglicanos a la Iglesia católica. La canonización en 2010 por el papa Francisco de John Henry Newman, venerado por católicos y anglicanos, marcaba también un camino de diálogo entre ambas confesiones.

En efecto, podría ser una intercesión útil en este intrincado itinerario. Algunos tildaban esta actitud de uniatismo más que de ecumenismo, pero el *Vaticano II* no ve contradicciones entre ambas posibilidades (cfr. UR 22).

¿Un ordinariato para acoger también a los luteranos que pretendan volver a la comunión con Roma, pero conservando algunos aspectos de su tradición? "En el caso de los *protestantes* el mayor problema es la fragmentación interna", había diagnosticado el papa, por lo que sería impensable una unión "en bloque". El dejar que cada comunidad decidiera, en conciencia, cuál debía ser el camino que debía emprender resultaba una condición necesaria para evitar atentados contra el ecumenismo.

La hipótesis de extender a los seguidores de Martín Lutero la solución que ofreció Benedicto XVI a algunos grupos anglicanos fue sugerida por primera vez por el cardenal Kurt Koch, entonces presidente del Pontificio consejo para la unidad de los cristianos. "Si los *luteranos* expresaran un deseo parecido –afirmó Koch–, entonces tendríamos que reflexionar sobre su situación. Pero la iniciativa sigue en manos de los luteranos".

La idea fue retomada por el entonces prefecto de la Congregación para la doctrina de la fe, Gerhard Ludwig Müller: en su nativa Alemania hay luteranos que pretenden volver a la comunión con Roma y que consideran que las reformas de Lutero encontraron respuesta en las reformas del concilio Vaticano II.

5. Con los luteranos

Como tal vez se sabrá, el cardenal Ratzinger había tenido un protagonismo clave en la firma de la declaración conjunta sobre la doctrina de la justificación, firmada con los luteranos en 1999, y suscrita después por metodistas, reformados y anglicanos. Ya al comienzo de su visita en 2010, el papa alemán había destacado como un momento importante de su viaje su encuentro con "nuestros amigos, *hermanos y hermanas protestantes*", en Erfurt, cuna remota de la reforma luterana.

En ese convento de los agustinos ermitaños, *Martín Lutero* permaneció desde 1505 a 1511, cultivó el estudio de la sagrada Escritura, inició su camino teológico y comenzó a intuir el proyecto reformador que acabaría cambiando el mapa religioso de Europa.

Tras hacer referencia al profundo interés del reformador por el misterio del mal, del pecado y de la necesidad de un *Dios misericordioso*, el papa alemán se refirió al núcleo del problema en el texto citado:

"No, el mal no es una nimiedad. No sería tan poderoso si nosotros pusiéramos a Dios realmente en el centro de nuestra vida". El motor del ecumenismo seguía siendo *la conversión y la santidad*, "la vivencia y el testimonio de la verdad de la fe".

En vísperas de la visita del papa a su tierra natal en 2011 –recordaba un cronista–, se había hablado varias veces de que se espera de esta visita un don ecuménico del huésped. Sin embargo, Benedicto XVI dijo refiriéndose a la admisión de los luteranos a *la eucaristía* católica.

A este respecto, quisiera decir que esto constituye un malentendido político de la fe y del ecumenismo. [...] La fe no es una cosa que nosotros fabricamos o concordamos. Es el fundamento sobre el cual vivimos. *La unidad* no *crece* mediante la ponderación de ventajas y desventajas, sino *profundizando* cada vez más *en la fe* mediante el pensamiento y la vida.

Primero construir esa *unidad real* en torno a la fe en Jesucristo, para después, cuando se logre esa comunión plena, acceder juntos a los sacramentos. Debe continuar de esta forma el diálogo teológico no solo sobre la Iglesia, el ministerio y los sacramentos, sino también sobre el modo de leer e interpretar la Escritura. No todos lo entendieron. Comentaba al respecto el cardenal Kasper,

Se perdió de vista el *verdadero obsequio* del papa a Erfurt: su visita al exconvento agustino en el que Martín Lutero vivió de joven, allí donde Lutero, alejado de la antigua polémica católica y de la teología de la controversia, obró como cristiano que tenía como prioridad a Dios y su gracia.

Además, el pontífice se expresó con *gratitud* por los resultados del diálogo y, por último, junto con los altos exponentes de la Iglesia protestante, celebró una liturgia de la Palabra, plenamente válida también de acuerdo con la comprensión evangélica, todas cosas que hasta hace pocos decenios eran completamente inimaginables.

Este fue un viaje que podríamos llamar profético y que auguraba el futuro encuentro del papa Francisco con las autoridades luteranas de la ciudad sueca de *Lund*, con motivo de los 500 años del inicio de la reforma luterana, en 2017. Alguien soñaba con que fuera el papa alemán quien estuviera presente en este encuentro. En efecto, hemos dado un primer paso con la declaración conjunta sobre la doctrina de la justificación en 1999, pero ahora tendríamos que dar otros tantos en los que los sacramentos, el ministerio, la eclesiología, las cuestiones morales y la interpretación de la Escritura ocupan unos lugares prioritarios. Todo consiste en seguir ascendiendo, con paciencia, con ese lento paso de montañero, que al final alcanza la cima.

El ecumenismo del papa Francisco

La intensidad de las relaciones ecuménicas entre los cristianos depende en gran medida de que estas tengan una actitud ecuménica y el deseo de participar en ellas. No es este un momento fácil para el cristianismo, y el ecumenismo ocupa con frecuencia un segundo lugar en las prioridades de las iglesias y comunidades eclesiales, tras la prioritaria de la simple supervivencia. A la vez el recuerdo de lo que el papa Francisco llama el *"ecumenismo de la sangre"* de los cristianos perseguidos genera un nuevo ambiente en las relaciones ecuménicas.

En una conferencia que tuvo lugar en el Centro *Pro Unione* de Roma el 23 de enero de 2020, el obispo Brian Farrell, entonces secretario del Pontificio consejo para la promoción de la unidad de los cristianos, comenzaba invocando al documento titulado *Hacia una visión común* de la comisión *Faith and Order* del Consejo mundial de las iglesias.

Allí se localizaban el conocido peligro de la *secularización*: "Dios no es necesario –dicen– y la Iglesia es tan solo un contenedor de tradiciones que no tienen nada que ver con las decisiones que toma la gente hoy".

Además, continuaba este documento, el desarrollo de las redes sociales y los medios de comunicación, donde la opinión de cualquiera puede ser emitida y difundida a "una amplia audiencia" y que sustituyen a las relaciones reales y eclesiales. Es decir, nos encontramos ante el imperio de la *posverdad*, la dictadura del relativismo, como había dicho Benedicto XVI.

En fin, el llamado *pluralismo religioso* –en realidad, relativismo–, donde todas las religiones se presentan como "caminos de salvación" y la "exclusividad de Jesucristo como único Salvador del mundo resulta relativizado" (n. 7).

1. El ministerio de unidad

Como suele decir el papa Francisco, "no estamos en una época de cambio sino en un *cambio de época*". En su discurso a la curia romana del 21 de diciembre de 2019, pronunció las siguientes palabras, al referirse a los cristianos

> ya no somos hoy los únicos que creamos cultura, ni estamos en la vanguardia ni somos los más escuchados. Necesitamos un cambio en nuestra mentalidad pastoral. La fe, especialmente en Europa, pero también en gran parte de occidente, ya no es un presupuesto evidente de la vida social; de hecho, la fe a menudo es rechazada, marginada y ridiculizada... *¡La cristiandad ya no existe!*

Por eso la propuesta y el lenguaje del papa Francisco no es teórico ni especulativo sino esencialmente *misionero*. No podemos olvidar que el movimiento ecuménico en el siglo XX tuvo un origen en el movimiento misionero, tal como se evidenció en la Conferencia misionera mundial de Edimburgo en 1910. Así, la misión lleva necesariamente a la búsqueda de la unidad de los cristianos.

El papa Bergoglio ve al *pueblo de Dios* no como una categoría abstracta conceptual, sino como compuesto de pueblos y culturas enraizados en la misma fe. De ahí la importancia única para la teología y la acción pastoral de la experiencia religiosa de esos pueblos y, dentro de esos pueblos, de los pobres. Estos no son solo objeto de la acción de la Iglesia, sino también el agente y criterio de esa acción.

> En otras palabras, el mensaje del evangelio se asimila mejor desde dentro de los distintos pueblos y culturas, y no como algo que llega desde el exterior. De aquí la importancia de la *religiosidad popular*. No se trata de una supuesta "cultura eclesiástica" superior, generada por élites intelectuales y políticas posteriores a la Ilustración.

> La Iglesia no crece "de afuera hacia adentro" sino "de dentro hacia afuera". Como resultado, el papa Francisco ve la Iglesia no como una realidad a la que hay que servir, sino como *la sierva de todos*, especialmente de los pobres.

> En la visión de Francisco de la Iglesia, la unidad de los cristianos desempeña un papel central, aunque no siempre fue así para él. El arzobispo Bergoglio llegó al ecumenismo a través de una *"conversión"* personal, ayudado por su contacto con la Renovación carismática. La conversión es el motor de la reforma.

> Durante el vuelo de regreso de Lund después de la conmemoración conjunta católico-luterana de la reforma en 2017, ante la pregunta: en un

mundo así, "¿cómo poseen las iglesias un espacio para la revelación y la *enseñanza autorizada* sobre la fe y la moral?", el papa Francisco respondió que –como entidad global– la Iglesia católica está experimentando todos estos desafíos de manera intensa, utilizando las energías dirigidas a evangelizar y servir.

La reforma genuina es siempre difícil porque, en el fondo, requiere un correcto *discernimiento* respecto al mensaje original (lo que Dios ha dicho y hecho en la muerte y resurrección de Jesucristo), que debe ser anunciado, transmitido y vivido hoy. El mensaje es siempre relevante, pero ciertos paradigmas, estructuras y modos de vida de la Iglesia no son ya canales efectivos de evangelización y testimonio.

La Iglesia debe ser *reformada* conforme a la voluntad fundacional de Cristo, y las estructuras, aligeradas. Como arzobispo de Buenos Aires, entre 1992 y 2013, participó en muchas reuniones de oración y, a través de ellas, hizo amistades duraderas con carismáticos católicos, así como con figuras evangélicas y pentecostales.

Estas *amistades* tuvieron un impacto duradero en Bergoglio. Es interesante lo que dijo en una entrevista con Ulf Jonsson, director de la revista *Signum*, con motivo de su viaje a Lund por el 500 aniversario del inicio de la reforma protestante. Recordaba allí al pastor sueco Anders Ruuth, profesor de teología espiritual en la Facultad de teología luterana de Argentina: "en un momento realmente difícil para mi alma, tuve mucha confianza en él y abrí mi corazón. Me ayudó mucho en ese momento... Lo recuerdo con mucho cariño y reconocimiento". Por medio de estas experiencias, Jorge Bergoglio llegó al papado con un profundo deseo de hacer todo lo posible por la unidad de los cristianos.

2. Las iniciativas ecuménicas

Francisco entiende las relaciones ecuménicas, sobre todo, como una cuestión de *relaciones personales guiadas por el Espíritu*. Es el mencionado ecumenismo del corazón y de las manos. Su compromiso personal es especialmente evidente en sus reuniones con jefes de iglesias y patriarcas. Ha conocido a muchos de ellos, en sus viajes, y muchos líderes de otras iglesias y comunidades han ido a Roma, algunos de ellos varias veces. En sus propias palabras: "Se siente la fraternidad. Jesús está en el medio. Para mí son todos hermanos". Tras reunirse con el patriarca Kiril en La Habana comentó:

Hemos hablado de temas que nos conciernen a los dos. Francamente, he sentido la presencia de un hermano y él también me ha dicho lo mismo. *Dos obispos* que, en primer lugar, hablan de la situación de sus iglesias; y, en segundo lugar, de la situación mundial.

Lo mismo ocurre con la *Comunión anglicana y las comunidades protestantes*: le leen, están agradecidos por su liderazgo y rezan por él. Nos encontramos ante un verdadero ecumenismo espiritual, el "ecumenismo del corazón" y de la oración.

Pero también la cabeza. Francisco está pidiendo un cambio de estilo en el modo tradicional de hacer ecumenismo –la búsqueda de un acuerdo teológico progresivo–, buscando una "vida juntos", un compartir real de los cristianos lo que tienen en común, más allá de las diferencias que no alcanzan el nivel de contradicción ni conflicto. *In necesariis unitas, in dubiis libertas, in omnibus caritas*, sostenía el adagio clásico. De hecho, no todas las diferencias tienen la misma importancia, por lo que hace falta un *discernimiento teológico*.

> El principio conciliar de la *"jerarquía de verdades"* (UR n. 11) puede ser útil en este caso. Las iglesias y comunidades se acercarían unas a otras al dar prioridad a los elementos esenciales que ya las unen, y no apelando a sus diferencias como excusa para seguir viviendo y actuando por separado, como lo han hecho las iglesias divididas durante siglos. A la vez no debemos olvidar el principio del *subsistit in* de LG n. 8: la verdadera Iglesia de Cristo, con todos los elementos de salvación y eclesialidad, subsisten en la Iglesia católica.

Quizás el corazón del legado ecuménico del papa Francisco sea este cambio de perspectiva, con su llamada a una forma más *inclusiva* de mirar a los cristianos de las demás iglesias y comunidades eclesiales. Francisco nos está instando a caminar hacia una comunión más plena, no permaneciendo encerrados en la narrativa de "mi Iglesia" sobre los demás cristianos, sino pensando, juzgando y actuando dentro y desde la perspectiva mucho más amplia de toda la familia cristiana, de todos los bautizados incorporados en Cristo.

De modo que existe este *cristianismo más amplio*, formado por todos los bautizados, en el que el Espíritu produce obras de gracia y salvación. Parte sobre todo de la eclesiología bautismal, tendiendo hacia la eucarística. Pero siempre buscando lo que une: "La unidad prevalece sobre el conflicto" (*Evangelii gaudium* (EG), nn. 226-230). El papa Francisco no ha inventado una nueva visión revolucionaria, sino que simplemente está extrayendo las consecuencias de lo que LG n. 5:

> Ellos [otros cristianos] son consagrados por el *bautismo*, en el cual están unidos a Cristo... Asimismo, de alguna manera real están unidos

a nosotros en el *Espíritu* santo, porque a ellos también les concede sus dones y gracias, por lo que actúa entre ellos con su poder santificador.

Es decir, el punto de partida es una *"eclesiología bautismal"*, donde el primer sacramento y la Escritura son un elemento para llegar con el tiempo a la plenitud de la sucesión apostólica, a los demás sacramentos (especialmente la eucaristía) y al primado petrino. Francisco quiere que reconozcamos que hay elementos de la Iglesia de Cristo que se comprenden mejor y se conservan fuera de los límites visibles de la propia comunión.

> Como ejemplo, sus referencias al hecho de que los católicos pueden aprender mucho sobre la *sinodalidad* de los ortodoxos, y también en el modo de vivirla en algunas comunidades protestantes. Tenemos que estar preparados para recibir de otros lo que nos llevaría a identificarnos mejor con los designios de Dios.

> Ya en *Evangelii gaudium* había adelantado este principio rector: "No se trata solo de estar mejor informado sobre los demás, sino de cosechar lo que el Espíritu ha sembrado en ellos, que también debe ser un don para nosotros" (n. 246).

Para él, la Iglesia es *"una en la diversidad"* y con frecuencia cita la expresión de Oscar Cullmann "diversidad reconciliada".

3. La reforma del papado

En 2014, presidiendo las vísperas de la Semana de oración por la unidad de los cristianos por primera vez como papa, Francisco recordó el compromiso ecuménico de Juan XXIII, Pablo VI, Juan Pablo II y Benedicto XVI, como buscando inspiración en ellos:

> El trabajo de estos, mis *predecesores*, permitió que el diálogo ecuménico se convirtiera en una dimensión esencial del ministerio del obispo de Roma, de modo que hoy el ministerio petrino no puede entenderse plenamente sin esta apertura al diálogo...

> El camino del ecumenismo nos ha permitido llegar a una *comprensión más profunda* del ministerio del sucesor de Pedro, y debemos estar seguros de que continuará haciéndolo en el futuro.

Todos los papas desde san Juan XXIII han reconocido la necesidad de un reparto más amplio de autoridad y responsabilidad, en otras palabras, una práctica genuina de la *naturaleza colegiada y sinodal de la Iglesia.* Como dijo en la conmemoración del quincuagésimo aniversario del sínodo de los obispos, el 17 de octubre de 2015:

> El *papa* no está, por sí mismo, por encima de la Iglesia; sino dentro de ella como uno de los bautizados, y dentro del colegio de obispos como un obispo entre los obispos, llamado al mismo tiempo –como sucesor de Pedro– a gobernar la Iglesia de Roma que preside en la caridad a todas las iglesias.

Esta reforma del papado había sido propuesta por san Juan Pablo II en 1995, quien pidió un ejercicio del primado tal como se había desarrollado durante el primer milenio cristiano (cfr. UUS 96). En cuanto a las conferencias episcopales escribió el papa argentino:

> todavía no se ha explicitado suficientemente un estatuto de las *conferencias episcopales* que las conciba como sujetos de atribuciones concretas, incluyendo también alguna auténtica autoridad doctrinal (EG 32).

Aquí de nuevo el papa Francisco no está proponiendo alguna novedad revolucionaria, sino reconociendo los principios que pertenecen a la esencia de la Iglesia entendida como *comunión*; y con ella, la sinodalidad y la colegialidad, el discernimiento pastoral y el respeto a las instancias intermedias, tal como propone el Vaticano II.

> El centro debe estar en continua y permanente comunión con las periferias. De momento Francisco solo puede plantar y nutrir; y reza para que sus sucesores sigan con esta tarea renovadora que inició el concilio. Nuestros socios ecuménicos ven este tipo de *reforma* en la Iglesia católica como una importante fuente de esperanza para el ecumenismo en el siglo XXI.

4. Perspectivas de futuro

El ecumenismo del papa Francisco es el resultado de una *conversión espiritual e intelectual.* Una conversión lejos de la típica eclesiología "exclusivista" del pasado a reconocer que Dios actúa a través de todas las comunidades de bautizados, tal como recuerda el Vaticano II. Francisco goza en esto de la confianza de los partidarios del ecumenismo, como se puede apreciar en las reuniones anuales con la delegación de Constantinopla. En los primeros años, la atención de Francisco se centró en el diálogo teológico, pero siempre en relación con su llamada a una cultura del encuentro:

No debemos tener miedo al encuentro y al verdadero diálogo. Esto no nos aleja de la verdad; más bien, mediante un *intercambio de dones*, nos conduce, bajo la guía del Espíritu de la Verdad, hacia toda la Verdad (cfr. Jn 16, 13) (28 de junio de 2013).

De la hermenéutica de la sospecha pasamos a una *dinámica del encuentro*. Estas palabras van acompañadas de importantes gestos, como regalar las reliquias de san Andrés y san Pedro al patriarcado de Constantinopla, gesto que podría ser considerado como profético. El ecumenismo de Francisco consiste en "caminar, rezar, trabajar juntos", dar testimonio de la fe, evangelizar, servir con caridad, siempre con iniciativas y obras prácticas y tangibles.

Por lo tanto, Francisco concede una importancia vital a experimentar la hermandad y *"hacer juntos"* todo lo que podamos hacer juntos. Es el "ecumenismo de las manos". No busca la uniformidad, y mucho menos el dominio. Rechaza la idea de que haya una sola forma de pensar y hacer. Su objetivo es la *"diversidad reconciliada"*, forjada por la "intrusión" del Espíritu que inspira acciones de amor y solidaridad.

Es el principio de todo ecumenismo esa diversidad reconciliada, pero habrá que seguir dando pasos hasta alcanzar la plena unidad visible entre iglesias y comunidades. Para Francisco, la reflexión teológica es parte esencial de este caminar juntos, pero la *praxis* debe preceder y preparar las condiciones para el acuerdo doctrinal. Para él, la acción ecuménica debe estar enraizada en lo que es ahora, en lo real, en las realidades imperfectas que tenemos que afrontar.

Lo real es el viaje mismo, un *"viajar juntos"* –concluía Farrell, resumiendo el ecumenismo del papa Francisco–, con la imperfección de nuestras relaciones personales e institucionales.

No es solo una búsqueda de acuerdos provisionales plasmados en documentos (el llamado "ecumenismo de papel"), sino que todos los cristianos hemos de buscar el común acto de fe, la recíproca confianza, *la mutua sumisión a la voluntad de Dios*.

Al final, todo esto constituirá el acto de restauración de la unidad entre las iglesias y comunidades en *la única Iglesia de Cristo*. La comunión que buscamos, según la voluntad de Dios, no será solo al final fruto del trabajo de unos expertos, sino un acto de amor y de fe de todos los creyentes en Cristo.

Será un milagro, obra del Espíritu. Como recordaba en la solemnidad de pentecostés el 4 de junio de 2017, el *Espíritu* es el garante de la "verdadera unidad", "que no es uniformidad sino unidad en la diferencia". También su propuesta del cuidado de la "casa común" y de "escuchar el grito de la tierra y de los pobres", expuestos en la encíclica *Laudato sí*, ha cosechado un buen consenso ecuménico, como recordaba Santiago Madrigal de la Pontificia Universidad de Comillas.

Los *temas morales* también han de estar presentes en el diálogo ecuménico, sin que este se convierta en moralista. Pero el testimonio más creíble ha sido su constante petición de oraciones por su ministerio "que preside a todas las iglesias en la caridad", tal como definía Ignacio de Antioquía el ministerio petrino.

El Vademécum para los obispos

El *Vademécum* del Dicasterio para la promoción de la unidad de los cristianos está titulado significativamente *El obispo y la unidad de los cristianos*, y aparece firmado el 5 de junio de 2020 por el cardenal Kurt Koch como presidente y Brian Farrell como secretario, concretando el anterior de 1993. Este capítulo servirá también como recopilación práctica de los principios anteriormente expuestos.

El jefe de la sección occidental sobre pentecostales y evangélicos, Juan Usma Gómez, señalaba los *"puntos fuertes"* del texto.

El primero sería que adoptaba a) una *"perspectiva espiritual y pastoral"*, al traducir los principios católicos en "recomendaciones prácticas que tienen en cuenta las nuevas tendencias de nuestra sociedad contemporánea".

Además, ofrece b) "dos *síntesis* muy necesarias", tanto de los documentos católicos sobre el ecumenismo como de los diálogos bilaterales tanto a nivel internacional como local.

El último punto fuerte es que ofrece c) "todos los *ámbitos* en los que puede realizar una actividad ecuménica: desde la oración a la cooperación en el campo social, desde la vida cotidiana vivida en comunidad a las iniciativas culturales comunes".

1. El diálogo en la verdad y en la caridad

El prefacio recuerda en primer lugar que "el *obispo* no puede considerar la promoción de la causa ecuménica como una tarea más dentro de su variado ministerio", sino que constituye "un deber y una obligación" de buscar "la unidad de todos los bautizados en Cristo". Aquí radica la gran novedad del texto. La introducción recuerda la unidad como "intrínseca a la naturaleza de la Iglesia" (cfr. Jn 17, 21; UR 1; UUS 3, 49).

> En la medida en que los cristianos dejan de ser *signo visible de unidad* –sostiene–, fracasan en su deber misionero de ser instrumentos que llevan a la humanidad hacia la unidad salvífica que resplandece en la comunión del Padre, del Hijo y del Espíritu Santo.

La comunión ofrece una mayor *credibilidad misionera*. A la vez, desde el punto de vista eclesiológico, se recuerda que las distintas iglesias y comunidades eclesiales constituyen "una comunión real, aunque incompleta", pues por el bautismo "quedan incorporados a Cristo" (UR 3), y·"se regeneran para el consorcio de la vida divina" (ibid., 22).

> Tales iglesias y comunidades eclesiales poseen muchos *elementos esenciales* queridos por Cristo para su Iglesia, y el Espíritu se sirve de ellas como "medios de salvación" (cfr. ibid., 3), tal como expone la enseñanza conciliar ya mencionada de los *elementa Ecclesiae*.
>
> Así, el tercer apartado se titula "La unidad de los cristianos como vocación de toda la Iglesia" (cfr. UR 5), que compete a *"todos los fieles"*, a todas "las iglesias locales o particulares" (UUS 31).
>
> La expresión del papa Francisco *"caminando juntos, rezando juntos y trabajando juntos"* resume de forma adecuada este planteamiento.

A esto sigue el n. 4, donde se propone al obispo como "principio visible de unidad" en su *Iglesia local* (LG 23), siendo este su ministerio fundamental.

> Arraigado en su oración personal –continúa–, la *preocupación por la unidad* debe informar cada aspecto de su ministerio: su enseñanza de la fe, su ministerio sacramental, y las decisiones de su gobierno pastoral.

Este ministerio va dirigido a "nuestros hermanos y hermanas en el Espíritu mediante los lazos de comunión reales, aunque imperfectos que unen a todos los bautizados". Este ministerio episcopal de unidad está profundamente ligado al caminar juntos, de acuerdo con las enseñanzas del papa Francisco, porque "tanto la *sinodalidad* como el ecumenismo son un camino para recorrer juntos".

El *Vademécum* se presenta, pues, como "una guía para el obispo en su función de discernimiento", "una guía para el cumplimiento de sus responsabilidades ecuménicas" (n. 5). Primero será necesaria una *"purificación"* de la memoria" (cfr. n. 24), con la que los católicos, antes de comenzar por sus relaciones con los otros cristianos, deben examinar "su fidelidad a la *voluntad de Cristo* con relación a la Iglesia y, como es debido, emprendan animosos la obra de renovación y de reforma" (UR 4).

Así, el obispo es "hombre de *diálogo* que promueve el compromiso ecuménico", tanto en el "diálogo de la caridad" como en el "diálogo de la verdad" (n. 7). Por eso es responsabilidad del ordinario orientar y dirigir las iniciativas ecuménicas.

> Al establecer estas normas –advierte–, los obispos, sea que actúen singularmente o como conferencia episcopal, deben *evitar* cualquier tipo de *confusión o malentendidos* y velar que no se dé motivo de escándalo entre los fieles (n. 8).

> En esta línea, el texto ofrece *indicaciones* sobre el nombramiento de delegados para el ecumenismo (n. 9) o la creación de la Comisión ecuménica de las conferencias episcopales y los sínodos de iglesias orientales católicas (n. 10).

> En una línea más teológica, recuerda a su vez la "*dimensión ecuménica de la formación*", tanto del pueblo de Dios como de los pastores (cfr. 11-12), que exige a la fe católica "exponerla con más profundidad y con más rectitud, para que tanto por la forma como por las palabras pueda ser cabalmente comprendida también por los hermanos separados" (UR 11).

Estas exposiciones deben evidenciar que "hay un orden o *'jerarquía' de las verdades* en la doctrina católica, por ser diversa su conexión con el fundamento de la fe cristiana" (UR 11). En efecto, "aunque creemos todas las verdades reveladas con la misma fe divina, su significado depende de su relación con los misterios salvíficos de la Trinidad y la salvación en Cristo, fuente de todas las doctrinas cristianas" (n. 11).

En segundo lugar, la caridad exige que los católicos eviten presentaciones polémicas de la historia cristiana y de la teología y, en particular, tergiversar las posturas confesionales propias de los demás cristianos (cfr. UR 4, 10). Es el "ecumenismo de la lengua": la *caridad* debe presidir este diálogo y estas relaciones. Y lo relaciona con el ecumenismo espiritual: el Vaticano II insistió en que "el verdadero ecumenismo no puede darse sin la conversión interior" (UR 7; UUS 36).

> Este núcleo interior debe, por otra parte, traducirse en gestos concretos. Así, por ejemplo, la dimensión ecuménica debe estar presente en todos los aspectos y disciplinas de la *formación* cristiana, en especial en los seminarios y en la formación continua de los sacerdotes, diáconos, religiosos y laicos.

De hecho, en 1997, el Pontificio Consejo emitió unas directrices tituladas *La Dimensión ecuménica en la formación de quienes trabajan en el ministerio pastoral*, a la vez que propone un "enfoque ecuménico en el uso de los medios" e *internet*, a lo que añade algunas "recomendaciones prácticas" (n. 13-14).

2. Dimensiones del ecumenismo

En la segunda parte titulada "La Iglesia católica en sus relaciones con los demás cristianos" se habla de las *diversas modalidades* de relacionarse con los demás cristianos (n. 15). En primer lugar, se habla del llamado "ecumenismo de las manos" y "del corazón":

"El diálogo de la caridad promueve el encuentro a nivel de *contactos y cooperación cotidianos*, nutriendo y profundizando la relación que ya tienen los cristianos en virtud del bautismo". Por eso se refiere de nuevo al "ecumenismo espiritual" (n. 16)

Este es creado por la oración, la conversión y la santidad, pues constituyen "el alma de todo el movimiento ecuménico" (UR 8). Todo el número 18 está dedicado a la Semana de oración por la unidad de los cristianos, y el 19 a "orar unos por otros y por las necesidades del mundo" (cfr. UUS 25). Sin embargo, el *ecumenismo espiritual* consiste no solo en orar por la unidad de los cristianos, sino también en una "conversión del corazón y santidad de vida", "en llevar una vida más pura, según el evangelio" (UR 8, 7).

Por otra parte, entre los instrumentos para alcanzar la unidad, *Unitatis redintegratio* describe las *Escrituras* como "instrumentos preciosos en la mano poderosa de Dios para lograr la unidad" (n. 21). Los católicos comparten la Escritura con todos los cristianos y, con muchos de ellos, comparten también un mismo Leccionario dominical empleado en sus celebraciones (cfr. n. 20).

De igual manera en lo referido a las *fiestas y ciclos litúrgicos*, compartimos con la mayoría de las demás tradiciones cristianas los grandes momentos del calendario litúrgico (cfr. n. 21).

Pero "el ecumenismo de los santos, de los mártires, es tal vez el más convincente", escribió Juan Pablo II en *Tertio millennio adveniente* (cfr. n. 37), y también el papa Francisco ha hablado a menudo del *"ecumenismo de la sangre"* (cfr. n. 22).

A continuación, el *Vademécum* aborda la contribución de los distintos carismas en la Iglesia, en especial la vida consagrada (n. 23). Al mencionar el "diálogo de la caridad", alude a la base bautismal, pues "todo ecumenismo es un *ecumenismo bautismal*" (n. 25). Además, resulta del todo necesaria una "cultura del encuentro" también entre las instituciones y en los eventos ecuménicos, "requisito previo para cualquier verdadero ecumenismo" (n. 26).

Una cultura del encuentro genera un mutuo interés por la unidad. Por eso resulta igualmente necesario el *"diálogo de la verdad"*, entendido como "intercambio de dones". En él se "obtiene un conocimiento más verdadero y un aprecio más justo" de su interlocutor. Verdad y amor se repiten como un motivo recurrente a lo largo de todo el texto. El papa Francisco afirma en la encíclica *Evangelii gaudium* que

> no se trata solo de recibir información sobre los demás para conocerlos mejor, sino de *recoger lo que el Espíritu ha sembrado en ellos* como un don también para nosotros (EG 246).

Por eso reclama un "diálogo que nos lleve a toda la verdad", y anima a promover un *"diálogo teológico* a nivel internacional, nacional y diocesano", dejando de lado el lenguaje polémico y los prejuicios del pasado, y tomando como punto de partida la tradición común (n. 28-29; cfr. UUS 18, 36). Ahora tenemos la necesaria dimensión del "ecumenismo de la cabeza". Con lo que concluye:

> Los resultados de estos diálogos proporcionan el marco para discernir *lo que* justamente *podemos y no podemos hacer juntos*, sobre la base de la fe común (n. 29).

Al mismo tiempo el texto critica de igual manera el llamado "ecumenismo de papel", pues "aunque los *diálogos bilaterales y multilaterales* han producido muchos acuerdos y declaraciones, no siempre esos textos han entrado en la vida de las comunidades cristianas" (n. 30). Este "proceso de recepción" debe involucrar a toda la Iglesia en el ejercicio de su *sensus fidei* a laicos, teólogos y pastores.

> Aunque los textos producidos por las comisiones de diálogo no constituyen de por sí documentos doctrinales oficiales de las iglesias involucradas –concluye–, *su recepción en la vida* de las comunidades cristianas puede ayudar a todos a alcanzar una comprensión y un aprecio más profundos de los misterios de la fe.

Por eso aboga por el *"diálogo de la vida"* y el "ecumenismo pastoral" (cfr. n. 31-32), puesto que los desafíos pastorales y misioneros comunes en la actualidad suponen una oportunidad para el ecumenismo.

En efecto, no hemos de olvidar que un importante inicio del ecumenismo –al menos en ámbito protestante, como veíamos– tuvo lugar en la Asamblea mundial misionera de Edimburgo en 1910. La *vocación misionera* implica el deseo de unidad entre los cristianos.

Por eso podrían caber en ciertos casos "*ministerio y recursos compartidos*" en hospitales, cárceles, cuarteles, universidades y otras capellanías (n. 33). Incluso allí donde el obispo diocesano discierna que no causará escándalo o confusión entre los fieles, puede permitir a otras comunidades cristianas el uso de algún templo católico.

En la misión y la catequesis, puede haber igualmente colaboraciones y, de hecho, el *Catecismo de la Iglesia católica* "se ha demostrado una herramienta muy útil para colaborar con los demás cristianos en el campo de la catequesis" (n. 34).

3. *Consecuencias prácticas*

En el apartado dedicado a las *cuestiones prácticas*, aparecen en primer a) los matrimonios mixtos (n. 35). En primer lugar, "los pastores no pueden quedar indiferentes ante el dolor de la división de los cristianos que se experimenta tal vez más agudamente que en cualquier otro contexto". La pastoral de las familias interconfesionales constituye un verdadero reto en la actualidad, tal como veremos con más detenimiento más adelante.

Además, los recientes *movimientos migratorios* han acentuado esta realidad eclesial. La praxis sobre los matrimonios mixtos, el bautismo de hijos nacidos de tales matrimonios y su formación espiritual varían mucho de una región a otra, a la vez que se recuerdan las orientaciones contenidas en *Código de derecho canónico* (CIC), c. 1125 y el *Código para las iglesias orientales* (CIO), c. 814, §1.

Respecto a b) la *communicatio in sacris* (n. 36), recuerda que

la administración y recepción de los sacramentos, especialmente la eucaristía, en las respectivas celebraciones litúrgicas, sigue siendo un área de serias *tensiones* en nuestras relaciones ecuménicas.

Trae a la memoria, en primer lugar, los "testimonio de la unidad de la Iglesia" y, en segundo, que un sacramento es una "participación en los medios de la gracia" (UR 8). En general, la participación en la eucaristía, la penitencia y la unción se limita a quienes están en plena comunión. Sin embargo, la *communicatio in sacris* está permitida en ciertas circunstancias y, en este caso, debe ser reconocida como "deseable y recomendable".

Con las *iglesias ortodoxas*, puede darse en determinadas circunstancias, sobre todo cuando falta el propio ministro (cfr. CIC, c. 844, §2; CIO, c. 671, §2).

Con las *comunidades eclesiales protestantes*, "en caso de peligro de muerte, o si el obispo diocesano juzga que hay 'grave necesidad'", los ministros católicos pueden administrar los sacramentos a otros cristianos "que lo pidan espontáneamente, con tal de que profesen la fe católica respecto a esos sacramentos y estén bien dispuestos" (CIC, c. 844, §4; CIO, c. 671, §3).

Es importante subrayar –concluye– que *el juicio del obispo* sobre lo que constituye una "grave necesidad" y sobre el momento más apropiado para compartir el sacramento de modo excepcional, es siempre un discernimiento pastoral, es decir, se trata del cuidado y de la salvación de las almas. Los sacramentos nunca deben ser compartidos por mera cortesía.

Queda así reforzada la autoridad el obispo. Respecto a lo que se refiere a la práctica del ecumenismo, el *Vademécum* recuerda c) la necesidad de cooperar *"al servicio del mundo"* (n. 38), como la lucha contra el hambre, los desastres naturales, el analfabetismo, la pobreza, la escasez de viviendas y la distribución desigual de la riqueza. A esto se añade la atención de los migrantes, la lucha contra la esclavitud moderna y la trata de personas, la defensa de la libertad religiosa, la lucha contra la discriminación y "la defensa de la santidad de la vida y el cuidado de la creación".

Los temas sociales, morales y ecológicos son también *temas ecuménicos*. Así, promociona también el "servicio común como testimonio" (cfr. n. 39, UR 12), como la común defensa de la dignidad de la persona y de la sacralidad de la creación, proyectos culturales y de acción social, así como el diálogo interreligioso (n. 40).

Junto a la lucha contra el "antisemitismo, el fanatismo religioso y el sectarismo", procura promover el diálogo con las diferentes tradiciones religiosas no cristianas. A esto se añade el llamado *"ecumenismo cultural"*, donde quiere hacerse valer la influencia del cristianismo en las distintas culturas, intentando hacerse cargo de las diferencias existentes (n. 41).

En la conclusión, el texto recuerda "la larga historia de las divisiones entre los cristianos y la compleja naturaleza de los factores teológicos y culturales que dividen a las comunidades cristianas", a la vez que los méritos de la muerte y resurrección de Cristo y su victoria definitiva de Dios sobre el pecado y la división. Alude, pues, aquí a d) la *dimensión escatológica* de toda actividad ecuménica. "La función de la Iglesia fue siempre recibir la gracia de la victoria de Cristo".

> Y tras insistir en la responsabilidad del obispo en materia ecuménica, manifiesta la necesidad de una renovación, que es "siempre el primer e indispensable paso hacia la unidad". La apertura a *la gracia de Dios* exige también la acogida de nuestros hermanos y hermanas en Cristo.
>
> La *primacía de la gracia* constituye una prioridad a todo diálogo ecuménico. Como escribió el papa Francisco, la voluntad de recibir "lo que el Espíritu ha sembrado en ellos como un don también para nosotros" (EG 246).

Termina con una *oración* del abad Paul Couturier (1881-1953), un pionero católico del movimiento ecuménico y particularmente del ecumenismo espiritual, que concluye con estas palabras dirigida al Espíritu santo:

> En Ti, que eres la caridad perfecta,
> haznos encontrar *el camino que conduce a la unidad*,
> en la obediencia a tu amor y a tu verdad. Amén.

El texto constituye así una buena *síntesis actualizada* del magisterio ordinario sobre cuestiones ecuménicas, junto con una llamada a la responsabilidad de los obispos y de todos los cristianos al respecto.

Cuestiones pendientes

Hemos recorrido todo el magisterio católico sobre ecumenismo en los últimos años; desde el Vaticano II a los últimos papas, hasta llegar al *Vademécum* recientemente publicado. Quedan, sin embargo, algunas cuestiones pendientes de esclarecer del todo. Veamos, pues, ahora con más detenimiento varias *quaestiones disputatae*, recurrentes en escritos de teología ecuménica: a) la intercomunión eucarística, b) la jerarquía de las verdades, c) los matrimonios mixtos y d) el primado romano. Nos hallamos así ante la aplicación práctica de los principios anteriormente expuestos.

1. ¿Intercomunión eucarística?

Como recordó el magisterio, "la íntima relación entre los elementos invisibles y visibles de la comunión eclesial es constitutiva de la Iglesia como sacramento de salvación. Solo en este contexto tiene lugar la celebración legítima de la eucaristía y la verdadera participación en la misma. Por tanto, resulta una exigencia intrínseca a la eucaristía que se celebre en la comunión y, concretamente, en la *integridad de sus vínculos*" (Juan Pablo II, *Ecclesia de Eucharistia* (EdE), n. 35).

> En coherencia con esta afirmación, el mismo documento afirma a propósito de la *concelebración*: "precisamente porque la unidad de la Iglesia [...] exige inderogablemente la completa comunión en los vínculos de la profesión de fe, de los sacramentos y del gobierno eclesiástico, no es posible concelebrar la misma liturgia eucarística hasta que se restablezca la integridad de dichos vínculos" (EdE 44).

La eucaristía es el sacramento de la *unitas Ecclesiae* (por lo que la requiere previamente) y, por esto, la Iglesia *prohíbe* de manera absoluta *la concelebración eu-*

carística entre ministros de distintas confesiones*, incluidos los que pueden celebrarla de modo sacramentalmente válido (cf. CIC, c. 908; *Código para las iglesias orientales* (CIO, c. 702), es decir, las realidades solo cismáticas.

> Esta decidida postura de la Iglesia católica *no* es sin más una *cuestión disciplinar*, que podría cambiar en el futuro. La Iglesia se siente ligada a una tradición presente en el cristianismo primitivo.
>
> En *Hechos* 2, 42 encontramos unidas "la enseñanza de los apóstoles" con la "fracción del pan", y en el más antiguo relato de la sinaxis eucarística se dice: "quien come y bebe [el cuerpo y la sangre del Señor] sin reconocer el cuerpo del Señor, come y bebe su propia condenación" (1Co 11, 29).
>
> "Reconocer el cuerpo" no solo implica distinguir la eucaristía del pan común, sino entender la comunidad eclesial como cuerpo del Señor. Es decir, el acceso a la eucaristía está condicionado por la *aceptación de la comunión*, como cuerpo único, como única Iglesia (tal era precisamente el problema de la comunidad de Corinto, descrito en 1Co 1).
>
> Los sucesivos testimonios sobre la vida de los *primeros cristianos* confirman y consolidan esta praxis; pues ya la *Didaché* (9,5) advierte: "Que nadie coma ni beba de vuestra eucaristía más que los bautizados en el nombre del Señor, pues ha de tenerse en cuenta lo dicho por el Señor: 'No deis lo que es santo a los perros'".
>
> Y la primera *Apología* de san Justino (n. 66, 1) dice: "A este alimento lo llamamos nosotros eucaristía, y a nadie le es lícito participar de él sino a quien cree que nuestras enseñanzas son verdaderas, ha sido purificado por el baño de la remisión de los pecados y la regeneración, y vive tal como Cristo enseñó".
>
> La condición para la comunión eucarística de la comunión eclesial dio lugar en época patrística a las *cartas de comunión* en sus distintas variantes (*litterae communicatoriae, litterae pacis, litterae recomendationis...*), mediante las cuales los cristianos que estaban de viaje eran reconocidos como plenamente pertenecientes a la Iglesia y podían así ser aceptados a la comunión eucarística.

Es este contexto, se entiende que el concepto de *excomunión*, antes de adquirir significado jurídico, surgiera como término para expresar la exclusión de la eucaristía y del altar.

> La liturgia actual expresa de modo positivo estas ideas con el rito de la paz inmediatamente anterior a la comunión eucarística, con el cual –como afirma la *Ordenación general del misal romano* (n. 82)– "la Iglesia

pide la paz y la unidad para sí misma y para toda la familia humana, y los fieles expresan la comunión eclesial y el amor recíproco, antes de recibir el sacramento".

La reflexión teológica ve que en este argumento concurren *tres aspectos:*

a) La distinción entre *comunión imperfecta,* fundada en el vínculo genuinamente eclesial que procede del bautismo, y la plena comunión en la fe, en el culto y en la jerarquía, necesaria para la participación en la eucaristía.

> Si bien es cierto que la *comunión bautismal* "está ordenada a la plena comunión", como recuerda *Directorio* (n. 22), esta última no es una realidad que puede darse por supuesta a partir de la primera. Como afirmó Congar, "se comprende que, unidos por el bautismo, pueda no estar unidos en la eucaristía. Pues esta es, en relación con el bautismo, su consumación y, en relación con el misterio de la Iglesia, su plenitud".

b) La exigencia recíproca de comunión eucarística y comunión eclesial es consecuencia de la única *comunión en la verdad.*

> Se da –como indica Pedro Rodríguez– "una interdependencia ontológica entre la plenitud de la revelación del Logos y la plenitud de su presencia en el Sacramento del altar [...]. De ahí que *no pueda separarse* la comunión eucarística de la comunión en la verdad".

c) Las excepciones a la disciplina general para los fieles –señaladas en el apartado anterior– no pueden aplicarse a los ministros, dado su distinto rol en la asamblea litúrgica. Es decir, *ningún ministro* puede concelebrar con otro de otra confesión, como queda dicho.

> El *ministro* "celebra el sacrificio eucarístico en representación de Cristo y lo ofrece a Dios en nombre de todo el pueblo" (LG 10/2). Ejerce entonces la representación de Cristo como cabeza y pastor (Juan Pablo II, *Pastores dabo vobis* 15/4), y tal función representativa no la poseen los simples fieles. Una hipotética concelebración interconfesional representaría sacramentalmente una unidad plena inexistente, lo que daría lugar a una situación absurda.

El recurso a la intercomunión como modo de promover la unidad entre los cristianos se *rechaza* sin medias tintas. Sagazmente se ha dicho que el propio término *intercomunión* resulta incluso contradictorio, cuando se refiere a la comunión conjunta en los sacramentos de cristianos que, por lo demás, no están en comunión: *inter* niega lo que afirma *comunión*".

> Por tanto, resulta falso sostener: si la *"eucaristía hace la Iglesia"* (y, por tanto, su unidad), conviene celebrarla juntos para crecer en la unidad. Pues el axioma, de origen patrístico, es inseparable de su contrapartida: *"la Iglesia hace la eucaristía"*, también de origen patrístico, donde *Iglesia* se concibe en la plenitud de vínculos de comunión.

Por eso el decreto *Unitatis redintegratio* (n. 22/2) afirma que *"el bautismo se ordena* a la profesión íntegra de la fe, a la plena incorporación a la economía de la salvación, tal como Cristo en persona la estableció y, en fin, a la íntegra incorporación en la comunión eucarística".

> El proceso que lleva desde el bautismo a la eucaristía (*infine*, "al final", no al principio, dice el texto) pasa necesariamente por la profesión íntegra de la fe y la plena incorporación en la Iglesia. Para celebrar de modo fructífero la eucaristía se necesita, en definitiva, una realidad previa de Iglesia, de unidad en la fe y en la comunión.

2. La expresión de la fe

No es fácil el camino hacia la verdad compartida por todos y a la que todos buscan en plenitud. Además, apenas se han esbozado los problemas metodológicos en la elaboración y la recepción de los documentos de diálogo. En el fondo se trata de hacer confluir, en la formulación de la verdad, dos cualidades que podrían parecer contrapuestas y que han de integrarse armónicamente: la *pureza* y la *plenitud*.

> Cuando se privilegia una búsqueda desmesurada y unilateral de la *pureza* de la verdad, se corre el riesgo de menoscabar su plenitud: el depósito de la fe podría quedar incompleto, reducido exclusivamente a su núcleo central. La pureza se convertiría así en *purismo*.
>
> Y al revés: una búsqueda desproporcionada de la *plenitud* de la verdad tiende a olvidar su pureza, creando una vaguedad que correría el riesgo de ampliar falsamente el *depositum fidei* y traspasar los confines de la revelación.

En el alcance de la verdad, respetando este delicado equilibrio, intervienen *tres principios-guía*:

a) *El principio de la diferencia entre expresión y contenido.* El concilio advierte que "la forma y el método de exponer la fe católica no debe convertirse de modo alguno en obstáculo para el diálogo con los hermanos" (UR 11/1).

> No son lo mismo *la expresión de la fe* –condicionada por el lenguaje, la cultura, la época, etc.–, que puede cambiar y admitir variaciones– y la *fe en sí misma*, necesariamente una y única, a la cual se refiere solo el acto de fe sobrenatural del creyente (cfr. UUS 19).

En este contexto debe entenderse que, así como en la única Iglesia ha de haber *formulaciones comunes vinculantes* sobre las verdades fundamentales –como el credo–, así la comunión católica podría tener formulaciones propias de la misma fe en sus aspectos centrales, como lo son las fórmulas de la doctrina de la justificación –que ya ha alcanzado algún consenso, como hemos visto– o la de la transustanciación, que debe todavía ser profundizada.

> Sin embargo, a la vez, la *expresión de la fe* no solo depende del contenido doctrinal, sino también del contexto cultural, de la visión general del cosmos, del modo de entender la relación de cada persona con la creación y con el Creador. También por estos motivos se han separado las Iglesias cristianas: piénsese, por ejemplo, en la presentación latina del catolicismo romano, en la impronta alemana del luteranismo, en el acento británico del anglicanismo o en el carácter oriental de la ortodoxia.
>
> Así, de *la historicidad de las definiciones dogmáticas*, incluidas las que tienen su origen en las divisiones confesionales, surge con gran fuerza la tensión entre el valor permanente de las fórmulas doctrinales y su proceso hermenéutico, evidenciando la relación entre verdad e historia, lenguaje e interpretación, realidad y expresión de este conocimiento.

b) *El principio de integridad.* Resulta *imprescindible* para un diálogo teológico sincero. "Es de todo punto necesario que se exponga claramente toda la doctrina. Nada es más ajeno al ecumenismo que ese falso irenismo, que daña a la pureza de la doctrina católica y oscurece su genuino y preciso sentido" (UR 11/1). Se rechaza así el ecumenismo erróneo, que pretendiera eludir las verdades difíciles, con vistas a un mayor consenso (cfr. UUS 18).

> Esto no quita que en el diálogo teológico se parta de los *puntos de convergencia* –sería ridículo hacer lo contrario–, sin desistir de buscar la unidad íntegra de la fe como objetivo último: "la exigencia de la verdad debe llegar hasta el final" (UUS 79). Supone un paso adelante la de-

terminación concreta de los elementos coincidentes, distinguiéndolos de aquellos en los que no hay acuerdo.

En relación con otras confesiones, el principio de integridad ha de entenderse no solo como un no callar las verdades conocidas, sino también como *el esfuerzo para llegar a las verdades desconocidas*, a una *verdad íntegra*. En este sentido, las Iglesias comprometidas en el diálogo ecuménico mantienen viva la convicción de que no se han agotado las posibilidades de conocimiento del misterio, tal como se manifiesta en otras comunidades cristianas, sin que esto comporte una traición a la propia confesión o la mera suma de elementos dispersos y heterogéneos.

c) *El principio de la jerarquía en las verdades*. Se presenta siempre como la *clave metodológica* en el diálogo ecuménico a nivel teológico-científico. "Al comparar las doctrinas, recuérdese que existe un orden o "jerarquía" en las verdades de la doctrina católica, ya que es diverso el enlace de tales verdades con el fundamento de la fe cristiana" (UR 11/3). El concepto de *jerarquía* aquí empleado no indica, evidentemente, que haya verdades más verdaderas que otras, ya que la verdad no admite graduaciones. De ahí que no se hable de jerarquía "de la verdad", sino "en las verdades".

Por eso, como recuerda el documento PCPUC sobre el diálogo ecuménico anteriormente citado, "todas las verdades reveladas exigen la misma adhesión en la fe, pero –según su relación mayor o menor con el fundamento del misterio revelado– se encuentran en *situaciones distintas* unas frente a otras y en relación distinta entre sí" (IV, 4, b).

Hay *misterios centrales de la fe* –la santísima Trinidad y la encarnación del Hijo de Dios–, mientras que otros, igualmente verdaderos y revelados, no se encuentran en la base *del* edificio doctrinal (como el ministro de la confirmación o de la unción de enfermos) y, por tanto, han de entenderse a la luz de los centrales.

Esto explica por qué la declaración *Mysterium Ecclesiae*, posterior a *Unitatis redintegratio*, habla con prudencia de una *veluti hierarchia* –a modo de jerarquía– entre los dogmas de la fe, al tiempo que usa con menos reservas la palabra *ordo*, término que subraya mejor la relación entre los distintos elementos, sin negar la igualdad entre ellos.

Este *orden entre las verdades*, sin embargo, no se reduce a una mera cuestión de lógica intelectual, sino que surge del hecho de que el depósito de la fe es una realidad viva, orgánica, constituida por elementos interrelacionados entre sí, con una armonía que deriva de la lógica interna de los elementos salvíficos. Es el llamado *nexus mysteriorum*, la unión de los distintos misterios de la fe.

> En otras palabras, las distintas verdades se relacionan entre sí según un *cierto orden objetivo de importancia*, ya que no todas contienen y expresan realidades del mismo orden salvífico. Cuenta aún más aquí el hecho de que el "fundamento de la fe cristiana" (UR 11/3), con el que se interrelacionan todas las verdades de fe, se refiere en primer lugar a una realidad viva y vivificante, es decir, al misterio de la persona misma de Cristo.

> A nivel metodológico, por tanto, en el diálogo ecuménico interesa establecer el *orden en que tratar las distintas cuestiones*, sobre el trasfondo del principio de la jerarquía en las verdades. No sería coherente, por eso, tomar en consideración simplemente un tema tras otro, ya que el acuerdo en una determinada cuestión depende habitualmente de tales premisas, sobre las cuales debe hallarse una convergencia suficiente. En definitiva, en la relación entre los temas que hay que abordar existe una arquitectura lógica, que impone una agenda estructurada, a veces en escalones y otras, con cierta circularidad.

3. Los matrimonios mixtos

El término *matrimonio mixto* alude a todo enlace matrimonial entre una parte católica y otra parte cristiana que no está en plena comunión con la Iglesia católica. "En todo matrimonio –afirma el *Directorio de ecumenismo*–, la preocupación primera de la Iglesia es mantener la solidez y estabilidad del vínculo conyugal indisoluble y de la vida familiar que de él deriva" (n. 144).

La experiencia práctica y las observaciones formuladas en los diversos diálogos interconfesionales muestran que los matrimonios mixtos presentan a menudo *dificultades* para el mantenimiento de la fe y el compromiso cristiano de la pareja misma y de sus hijos, así como para la armonía de la vida familiar. "Por todos estos motivos –concluye–, el matrimonio entre personas de la misma comunidad eclesial sigue siendo el objetivo que se ha de recomendar e impulsar" (n. 144).

> Con todo, pese a sus dificultades propias, tales matrimonios –escribía Juan Pablo II– "presentan numerosos elementos que conviene *valorar y desarrollar*, tanto su valor intrínseco como por la aportación que pueden dar al movimiento ecuménico. Esto es verdad sobre todo cuando ambos esposos son fieles a sus deberes religiosos. El bautismo común y el dinamismo de la gracia proporcionan a los esposos, en estos

matrimonios, la base y las motivaciones para compartir su unidad en la esfera de los valores morales y espirituales" (Juan Pablo II, *Familiaris consortio*, n. 78).

"Para favorecer una mayor comprensión y unidad –continúa el *Directorio*–, cada cónyuge debería aprender a *conocer mejor* las convicciones religiosas del otro, las enseñanzas y prácticas religiosas de la Iglesia o comunidad eclesial a la que este pertenece" (n. 149). Para ayudar a ambos cónyuges a vivir su herencia cristiana común, conviene recordarles que la *oración en común* es esencial para su armonía espiritual, y que la lectura y el estudio de las sagradas Escrituras son muy importantes.

"Cuando, por causa justa y razonable, se pide permiso para contraer matrimonio mixto, ambas partes deben ser *instruidas en los fines y propiedades esenciales del matrimonio* que no deben ser excluidos por ninguna de las dos partes. Además, a la parte católica se le pedirá (...) declarar que está dispuesta a apartar los peligros de abandono de la fe y prometer sinceramente el hacer lo posible para que todos los hijos sean *bautizados y educados* en la Iglesia católica. Su pareja debe ser informada de dichas promesas y responsabilidades" (n. 150).

Añade enseguida el *Directorio* que se favorecerá, "a ser posible, la decisión previa al matrimonio, sobre la cuestión d*el bautismo y la educación católica de los hijos* que tengan". Si, pese a todos los esfuerzos, a los hijos no se les bautiza ni educa en la Iglesia católica, el consorte católico no cae bajo la censura del derecho canónico. Pero tampoco cesa la obligación que tiene de compartir con sus hijos la fe católica.

El *Directorio* todavía regula otros aspectos. Así, si son invitados, un *sacerdote o un diácono católicos*, previa autorización del obispo del lugar, pueden estar presentes o participar de algún modo en la celebración de matrimonios mixtos, cuando se haya concedido la *dispensa* de la forma canónica (cf. n. 157).

Y, si la pareja lo pide, el ordinario del lugar puede permitir que el sacerdote católico invite al *ministro de la confesión eclesial de la parte no católica* a participar en la celebración del matrimonio, a leer la Escritura, hacer una breve exhortación y bendecir a la pareja (cf. n. 158).

"Como la presencia de testigos o invitados no católicos puede plantear problemas sobre la participación eucarística, un matrimonio mixto celebrado según la forma católica se celebra de ordinario *fuera de la liturgia eucarística*" (n. 159). No obstante, y por una razón justa, el obispo de la diócesis puede permitir la celebración de la eucaristía.

4. El primado romano en perspectiva ecuménica

En ámbito estrictamente eclesiológico, la cuestión más fundamental, como hemos dicho, es el concepto mismo de *Iglesia* y de su unidad.

> Para las confesiones surgidas de la reforma protestante, el tema central parece ser el de la naturaleza *sacramental* de la Iglesia, unido al de la sacramentalidad del episcopado y de todo el sagrado orden. En tal contexto, debería hallarse una convergencia en la relación entre la apostolicidad de la Iglesia y la sucesión apostólica.

Por un lado, para la doctrina católica, la *sucesión apostólica*, sacramentalmente presente en el episcopado, garantiza la apostolicidad de la Iglesia: la identidad de la Iglesia de hoy con la de Pentecostés, presidida por el colegio apostólico. Están unidas la sucesión apostólica, la *traditio* de la fe de los apóstoles y la comunión eclesial.

> En las comunidades protestantes prevalece la idea de sucesión apostólica –no necesariamente episcopal– como *signo* –no indispensable– de la apostolicidad de la Iglesia, pero no como su garantía. Sería tan solo la *traditio* o la predicación de la verdadera fe de los apóstoles.

> Se daría aquí una apostolicidad de la fe separada de la sucesión histórica y sacramental. El *background* del debate reside, fundamentalmente, en la distinta concepción del contenido y la transmisión de la tradición apostólica.

Respecto a las Iglesias ortodoxas, en cambio, el problema parece encontrarse en un plano superior. Aunque la *sucesión apostólica* pertenece a su patrimonio de fe en cuanto realidad sacramental, en este concepto influye una eclesiología en la cual la *sucesión petrina* encuentra un papel mucho más reducido, y lo debilita hasta el punto de hacerlo incompatible con la doctrina católica. Al privilegiar en exceso a la Iglesia local sobre la *communio ecclesiarum*, la sucesión apostólica se percibe como una sucesión de Iglesias más que de obispos en comunión con el sucesor de Pedro.

> Disminuye así el sentido fuerte de la *colegialidad episcopal* –el colegio episcopal como sucesor del apostólico– y, más aún, de la capitalidad del mismo colegio, que en la Iglesia católica se sitúa en la persona del sucesor de Pedro.

> En esta perspectiva, el papa no sería *caput* (cabeza), sino el *protós*, el *primus* entre obispos sustancialmente iguales: el *primus inter pares*, el primero entre los iguales, al cual le correspondería un primado de honor, pero no de jurisdicción.

Se entiende así por qué el tema del *primado romano* no se ha afrontado todavía de modo claro en los documentos del diálogo ecuménico oficial: son demasiadas las premisas necesarias para abordarlo, en las cuales no hay aún una convergencia suficiente.

Sin embargo, en el debate teológico, el primado romano está siempre en el centro de los coloquios ecuménicos, sobre todo tras la ya mencionada petición papal de "buscar, *evidentemente juntos*, las formas en las que este ministerio pueda realizar un ministerio de caridad reconocido por unos y otros" (UUS 95/3). El tema es demasiado extenso para desarrollarlo aquí, pero conviene al menos referir las divergencias más significativas, sin pretensiones de agotar el tema.

Por parte católica, junto al problema de la sucesión petrina está el del *primado del mismo Pedro*, que algunos conciben no como el de Pedro en persona respecto a los demás apóstoles, sino como un primado de la fe que profesó en Cesarea de Filipo (cfr. Mt 16, 13-18).

Aparece aquí, pues, la cuestión de la *transmisión* del primado, no descrita explícitamente en la Escritura, pero que encuentra confirmación en los más antiguos testimonios cristianos. A ello va unido el problema de la *sede* en que tiene lugar la transmisión –Roma, Constantinopla u otro lugar– y de los fundamentos aducidos como causa de las pretensiones de las distintas sedes.

> Es fácil percibir la complejidad del tema y no debería extrañar, ya que nos hallamos precisamente en el vértice de la *arquitectura lógica* mencionada. El primado romano es, con palabras de J. A. Möhler, la "piedra-clave de toda la construcción".

Vale la pena, en cualquier caso, afrontar este tema en el diálogo ecuménico, no porque se vea una solución anticipada a partir de las premisas, sino con vistas a una *metodología circular* en el debate (ir rodeando el problema, al mismo tiempo que se va cerrando la espiral), que perciba los problemas de fondo, para después dirigir la atención a las sucesivas dificultades.

> El reciente documento de estudio *El obispo de Roma* (2024), del Dicasterio para la promoción de la unidad de los cristianos, aporta nuevas luces y esperanzas a este tema con tanto futuro.

Conclusiones

Todos los mencionados anteriormente son cristianos: cristianos de nombre; católico, ortodoxo, anglicano, luterano, calvinista, evangélico o pentecostal de apellido. Tras este recorrido histórico-teológico, cabe establecer que, en la comunión de la Iglesia, hemos visto *tres niveles* que expresan una comunión más o menos plena, dependiendo de los *elementa Ecclesiae* –elementos de comunión o eclesialidad– que apreciemos en las distintas iglesias y comunidades eclesiales (cf. UR 3), que serían los siguientes:

1) Entramos a formar parte de la comunión de la Iglesia a través del *bautismo* y somos alimentados de la *palabra de Dios* (cf. UR 21-22).

   Así, tenemos una eclesialidad incoada y de aquí surge una *eclesiología bautismal*, con los mencionados elementos de comunión y que constituye el fundamento de la sinodalidad.

   En este primer nivel estaría la mayoría de las *comunidades eclesiales* surgidas a partir de la reforma protestante.

2) El *episcopado* histórico, con el sacramento del orden válido, es condición previa para poseer la integridad de la eucaristía y de la mayoría de los sacramentos (cf. UR 22).

   Vemos aquí un segundo nivel de los *elementa Ecclesiae* y llegamos a una *eclesiología eucarística*, al menos a nivel local.

   En este nivel se encuentra la *colegialidad de los obispos*, recordada por el Vaticano II y que, junto al primado, constituye uno de los focos de la elipse en los que se encuentra circunscrita la comunión de la Iglesia.

Cabría decir, pues, que esta *eclesiología eucarística* está *incoada*, pero no ha llegado a la plenitud de la dimensión católica y universal.

Aquí encontramos las *iglesias ortodoxas* que constituyen *verdaderas iglesias particulares*, que pueden llamarse *hermanas* entre sí y con las iglesias locales católicas. También se pueden incluir aquí las realidades cismáticas.

3) El *primado* es la piedra de toque o pieza-clave que aglutina todos los elementos de eclesialidad: el tercer nivel, el de la plena comunión.

La eclesiología eucarística de comunión alcanza aquí una *dimensión universal*, al establecerse como una red de comunidades eucarísticas que miran hacia Roma.

La *Iglesia universal* vive de modo pleno en esas *iglesias locales*, reunidas en torno al cuerpo y la palabra de Cristo.

Por eso el concilio Vaticano II se atrevió a afirmar que la verdadera Iglesia de Cristo *subsiste en* la Iglesia católica (cf. LG 8). Es decir, que los cristianos católicos tienen todos los elementos de santidad y eclesialidad que Cristo dejó a su Iglesia: el bautismo y la palabra de Dios, el episcopado y el primado.

Esta disposición gradual y progresiva de los *elementos de comunión o eclesialidad* de la única de Iglesia de Cristo podrían quedar representados en el siguiente cuadro:

Con estos presupuestos cabe lograr un fecundo *diálogo ecuménico* en la teología, en la colaboración mutua y, sobre todo, en la oración (cf. UR 8). Es decir, en el mencionado diálogo ecuménico con cabeza, corazón y manos, a los que podríamos añadir el "ecumenismo de la lengua" y "de la sangre".

Llegados al final de esta introducción al ecumenismo, debería resultar tangible la necesidad de una constante actitud de amor a la *unidad en la diversidad*: distinguir lo que en la Iglesia es sustancial (y, por tanto, debe ser común a todos y no puede cambiar) de lo que en ella admite pluralidad en la manera de expresar la fe, en la disciplina, los ritos, la espiritualidad, etc. *In necesariis, unitas; in dubiis, libertas; in omnibus, caritas*.

Sería preciso convencerse de que *ambas dimensiones* –unidad y pluralidad– son indispensables, dentro también de la Iglesia católica. A propósito de cuestiones temporales –y esto atañe a muchos aspectos de la Iglesia–, dijo un santo del siglo XX, san Josemaría Escrivá (1902-1975):

> No podemos olvidar que la existencia, también entre los católicos, de un *auténtico pluralismo* de criterio y de opinión en las cosas dejadas por Dios a la libre discusión de los hombres, no solo no se opone a la ordenación jerárquica y a la necesaria unidad del pueblo de Dios, sino que las robustece y las defiende contra posibles impurezas (*Conversaciones*, 12).

Bibliografía

Documentos del magisterio contemporáneo

Concilio Vaticano II, Constitución dogmática, LG 21.11.1964.

— Decreto *Unitatis redintegratio*, 21.11.1964.

Juan Pablo II, Carta encíclica *Redemptoris missio*, 7.12.1990.

— Carta encíclica *Ut unum sint*, 25.5.1995.

Dicasterio para la Doctrina de la Fe, Declaración *Mysterium Ecclesiae*, 24.6.1973.

— Carta *Communionis notio*, 28. 5.1992.

— Anexo. *Fuentes de la Declaración conjunta sobre la doctrina de la justificación*, 31.10.1999.

— *Nota sobre la expresión "iglesias hermanas"*, 30.6.2000.

— Declaración *Dominus Iesus*, 6.8.2000.

— *Respuestas a algunas preguntas acerca de ciertos aspectos de la doctrina sobre la Iglesia*, 29.6.2007.

— *Reflexiones y sugerencias sobre el diálogo ecuménico*, 15.8.1970.

— *Directorio para la aplicación de los principios y las normas sobre el ecumenismo*, 25.3.1993.

— *La dimensión ecuménica en la formación de quienes trabajan en el ministerio pastoral*, 1997.

— *The Bishop of Rome. Primacy and synodality in ecumenical dialogues and responses to the encyclical Ut unum sint*, 13.6.2024.

Documentos de diálogo ecuménico

Fuentes

González Montes, A. (ed.), *Enchiridion Oecumenicum*, vol. I-II, Salamanca 1986-1993.

Cereti, G. - Puglisi, J. - Voicu, S. (ed.), *Enchiridion oecumenicum. Documenti del dialogo teologico interconfessionale*, vol. I-V, EDB, Bologna 1986-1996

Gros, J. - Meyer, H. - Rusch, W. G. - Vischer, L. (ed.), *Growth in Agreement (I-II). Reports and agreed statements of ecumenical conversations on a world level*, Paulist Press, New York-Ramsey-Genève 1984 (vol. I), World Council of Churches, Genève 2000 (vol. II).

Estudios

Algermissen, Konrad, Iglesia católica y confesiones cristianas, Rialp, Madrid 1963.

Antinucci, Lucia, *Ecumenismo*, Piemme, Casale Monferrato 1991.

Benavent Vidal, Enrique, "Actualidad de la doctrina de la justificación", *Anales valentinos* 23 (1997/45) 5-17.

Bosch, Joan, *Para comprender el ecumenismo*, Verbo Divino, Estella 1991.

— *Diccionario de ecumenismo*, Verbo Divino, Estella 1998.

Burggraf, Jutta, *Conocerse y comprenderse. Una introducción al ecumenismo*, Rialp, Madrid 2003[2].

— *Fomentar la unidad. Teología y tareas ecuménicas*, BAC, Madrid 2011.

— "La declaración conjunta católico-luterana de 1999 acerca de la justificación", *Anuario de historia de la Iglesia* 9 (2000) 511-519.

Bux, Nicola, *Il quinto sigillo. L'unità dei cristiani verso il terzo millennio*, LEV, Ciudad del Vaticano 1997.

Blanco Sarto, Pablo, *La cena del Señor. La Eucaristía en el diálogo católico-luterano después del Concilio Vaticano II*, Eunsa, Pamplona 2009.

— *Ministri Ecclesiae. Eucaristía, ministerio y eclesiología en el diálogo luterano-católico*, Biblioteca Oecumenica Salmanticensis, Salamanca 2017.

Congar, Yves-Marie, *Chrétiens désunis. Principes d'un "oecuménisme" catholique*, Cerf, Paris 1937 (tr. cast.: *Cristianos desunidos*, Verbo Divino, Estella 1967)

— *Chrétiens en dialogue. Contributions catholiques à l'Oecuménisme*, Cerf, Paris 1964.

— *Saggi ecumenici. Il movimento, gli uomini, i problemi*, CNE, Roma 1986.

Cross, F. L. - Livingstone, E.A. (ed.), *The Oxford dictionary of the Christian Church*, Oxford University Press, Oxford 1997[3].

Ferrer, Joaquín – Blanco Sarto, Pablo, *Lutero, 500 años después. Breve historia y teología del protestantismo*, Rialp, Madrid 2017[2].

GARUTI, Adriano, *Saggi di ecumenismo*, Pont. Athenaeum Antonianum, Roma 2003.

GIL HELLÍN, Francisco (ed.), *Decretum de oecumenismo Unitatis redintegratio*, LEV, Ciudad del Vaticano 2005.

GÓMEZ-HERAS, José María G., *Teología protestante. Sistema e historia*, BAC, Madrid 1972.

GONZÁLEZ MONTES, Adolfo, *Justificados en Jesucristo. La Justificación en el diálogo ecuménico actual*, Salamanca 1989.

— (ed.), *Las iglesias Orientales*, BAC, Madrid 2000.

GOYRET, Philip, *Chiesa e comunione. Introduzione alla teologia ecumenica*, Fede & Cultura, Verona 2013.

GOYRET, Philip – BLANCO SARTO, Pablo, *Llamados a la unidad. Teología ecuménica*, Palabra, Madrid 2018.

GUERRA GÓMEZ, Manuel, *Las sectas y su invasión del mundo hispánico: una guía*, Eunsa, Pamplona 2003.

IZQUIERDO, César, "La "jerarquía de verdades": su recepción en el ecumenismo y en la teología", *Scripta Theologica* 44 (2012) 433-461.

JAEGER, Ludwig, *Il decreto conciliare sull'ecumenismo. Storia, contenuto e significato*, Morcelliana, Brescia 1965.

JOHANN-ADAM-MÖHLLER-INSTITUT, *Le Chiese cristiane nel Duemila*, Queriniana, Brescia 1998.

JÜNGEL, Eberhard, *El evangelio de la justificación del impío*, Sígueme, Salamanca 2004.

KASPER, Walter, *Caminos de unidad. Perspectivas para el ecumenismo*, Cristiandad, Madrid 2008.

    — *L'ecumenismo spirituale. Linee-guida per la sua attuazione*, CNE, Roma 2006.

    — *Caminos hacia la unidad de los cristianos*, Sal Terrae, Santander 2014.

LE GUILLOU, M-J., *El espíritu de la ortodoxia griega y rusa*, Casal y Vall, Andorra 1962.

LORTZ, Joseph, *Historia de la Iglesia en la perspectiva de la historia del pensamiento*, II: Edad moderna y contemporánea, Ediciones Cristiandad, Madrid 1965.

LOSSKY, Nicholas (ed.), *Dizionario del movimento ecumenico*, EDB, Bologna 1994.

LLAMAS MARTÍNEZ, Enrique, *El anglicanismo. Origen, historia, mensaje*, Biblioteca Oecumenica Salmanticensis, Salamanca 2003.

MAFFEIS, Angelo, "La dottrina della giustificazione da K. Barth a oggi", en G. Ancona (ed.), *La giusticazione*, Messaggero, Padova 1997, 113-194

MARTÍNEZ OLIVERAS, Carlos, *Católicos y anglicanos. Hacia la comunión o el distanciamiento*, Biblioteca oecumenica salmanticensis, Salamanca 2010.

    — *La autoridad en el diálogo anglicano-católico. En la encrucijada: entre las sombras y la esperanza*, Biblioteca oecumenica salmanticensis, Salamanca 2015.

MATABOSCH, Antoni – RODRÍGUEZ GARRAPUCHO, Fernando – VALENCIA, Andrés – VÁZQUEZ JIMÉNEZ, Rafael (eds.), *Caminar juntos. manual de ecumenismo*, San Esteban, Salamanca 2023.

MEYENDORFF, John, *La teologia bizantina. Sviluppi storici e temi dottrinali*, Marietti, Genova 1974.

MÖHLER, Johann Adam., *La unidad en la Iglesia o El principio del Catolicismo expuesto según el espíritu de los Padres de la Iglesia de los tres primeros siglos*, Eunate, Pamplona 1971

MONDIN, Battista, *L'ecumenismo nella Chiesa Cattolica prima, durante e dopo il Concilio*, Herder, Roma 19662.

NICHOLS, Aidan, *The Panther and the Hund. A Theological History of Anglicanism*, Edimburg 1993.

   — *Light from the East. Authors and Themes in Orthodox Theology*, Sheed & Ward, London 1995.

NEILL, Stephen, *El anglicanismo*, Iglesia reformada española episcopal, Madrid 1986.

PATTARO, Germano, *Corso di teologia dell'ecumenismo*, Queriniana, Brescia 1985.

PUGLISI, James F. (ed.), *Continuità apostolica della Chiesa e successione apostolica. Corso breve di ecumenismo*, Centro pro Unione, Roma 1996

RATZINGER, Joseph, *Iglesia, ecumenismo y política. Nuevos ensayos de eclesiología*, BAC, Madrid 2005.

RODRÍGUEZ, Pedro, *Iglesia y ecumenismo*, Rialp, Madrid 1979.

SPITERIS, Yanis, *Ecclesiologia ortodossa. Temi a confronto tra oriente e occidente*, EDB, Bologna 2003.

THILS, Gustave, *Historia doctrinal del movimiento ecuménico*, Rialp, Madrid 1965.

   — *El decreto sobre ecumenismo del Concilio Vaticano II*, Desclée de Brouwer, Bilbao, 1968.

TILLARD, Jean Marie, *Chiesa di Chiese. L'ecclesiologia di comunione*, Queriniana, Brescia 1989.

VÁZQUEZ BORAU, José Luis, *Las iglesias cristianas (católica, ortodoxa, protestante y anglicana)*, San Pablo, Madrid 2003.

VERCRUYSSE, Jos E., *Introduzione alla teologia ecumenica*, Piemme, Casale Monferrato 1992.

VILLAIN, Maurice, *Introducción al ecumenismo*, Desclée de Brouwer, Bilbao 1962.

VILLAR, José Ramón, *Eclesiología y ecumenismo. Comunión, Iglesia local, Pedro*, Eunsa, Pamplona 1999.

— "La declaración común luterano-católica sobre la doctrina de la justificación", *Scripta theologica* 32 (2000/1) 106-112.

.